040

# 人を創って夢を実現する

古澤 武雄
東海光学 会長



中経マイウェイ新書

# 目次

# はじめに

1966（昭和41）年の初夏、私は驚き、戸惑い、途方に暮れていた。

前年の3年生の時、早稲田大学第一理工学部工業経営学科に在籍していたが、ゼミの先生から言われた。

「日本IBMに就職してみてはどうか」

うれしかった。当時の日本IBMは、コンピューター技術者を目指す学生にとって、最先端のあこがれの会社だったからだ。その年の夏には、日本IBMの夏季講習を受け、事実上の内定をもらうことができた。

この年の年末、学費値上げ問題などをきっかけに学生運動が勃発した。後に〝第1次早大闘争〟と呼ばれる全共闘運動の先駆けの出来事であり、運動は激しさを増して、乱闘事件まで起きる事態となった。

私は、学生運動には一切関わってこなかった。だから、その影響が自分に及んでくるはずがなかった。ところが、これが運命というものなのか、この時代の大きな潮流に飲み込まれていくことになった。

早大闘争の惨状を見て、日本ＩＢＭが定期採用に関してひとつの決断を下したのだ。それは、次年度、すなわち１９６７年度は、早稲田大学からは採用しないというものだった。

私自身に問題があるわけではないのに、事実上の内定を取り消されてしまう。どうにも遣り切れない思いでいると、見るに見かねたゼミの先生が言ってくれた。

「別の会社を推薦する」

話を聞いていると、その会社への推薦の1番手はすでにほかの学生に決まっていた。ということは、2番手、3番手の推薦ということになる。

これを受け入れることは、プライドが許さなかった。人格まで否定されるような気持ちにもなった。理屈ではなく、これが私という人間なのだ。

そして、もうひとつの運命が待ち受けていた。

私は岡崎市の生まれだが、ひとりの同郷の女性と親しくなったことだった。私と同じように東京で下宿していて、法政大学へ通っていた。岡崎市にある眼鏡レンズメーカー、東海光学の社長の娘、古澤良枝《よしえ》だった。

筆者近影

# もうひとつの決断

このふたつの運命が交差したことが、私の歩んでいく道を決定づけることになった。すなわち、ほかにも企業からの打診はあったがそれらを断り、東海光学に就職することになったのだ。

ゼミの先輩が眼鏡レンズを製造販売している保谷硝子（現・ＨＯＹＡ）の実地演習へ出向いていたことに興味を持ち、卒業論文の対象に眼鏡レンズメーカーを選んだ。

そして、良枝の協力を得て東海光学を訪れ「多品種少量生産の中小企業における生産管理システム」を書き上げた。

「眼鏡業界はこれからおもしろいのではないか」

これを読んだゼミの先生がこう指摘してくれたことも、就職を決めるきっかけになった。

東海光学に就職して、周囲の人たちに認められて良枝と結婚するという道を歩み出した私は、もうひとつの決断を下した。生まれた時からそれまでの名前は「近藤武雄」だったが、結婚を機に「古澤武雄」になることだった。

古澤家は、義父となる社長のみならず、社長の実弟の専務も男子に恵まれず、娘ばかりだった。従って、東海光学へ入社すれば、余程のことがない限り社業を継ぐことになる。

一方、近藤家には弟がいた。すなわち、私が古澤の姓を名乗ることになっても近藤家が途絶えることはないのだ。

こうした諸々の事情を考えての決断だったが、実父は強く反対した。

「絶対に駄目だ！　お前を養子に出すつもりはない」

良枝の父も「はじめから無理をしなくてもいいから」と言ってくれた。しかし、熟慮して下した判断であり、決意は固かった。

1967（昭和42）年4月、東海光学に入社し、6カ月後に良枝と結婚して「古澤武雄」になった。

1967年に卒業した早稲田大学の大隈講堂

# 岡崎への工場疎開

東海光学の創業者は、義父、古澤静《しず》。1911（明治44）年1月29日生まれである。

子どものころに結核を患い、岐阜にある祖父母の家で療養生活を続けていたが、幸いにも病状が回復し、名古屋市中区の東別院近くにあった実家へ戻った。そこで、近所にあった「下村レンズ研究所」に就職し、眼鏡レンズ製造の世界へ入った。18歳の時だった。

社長は下村末吉という人で、もともとは東京で眼鏡レンズの製造業を営んでいたが関東大震災とその後の混乱を逃れ、名古屋に移り住んでいた。

それまで眼鏡レンズ製造の中心地は、東京、大阪の岸和田などで、名古屋は消費地にすぎない。下村は先進地である東京の優れた技術を名古屋へもたらした人だった。

静は、眼鏡レンズ職人を目指していた。そして、若くして職長の仕事を任されることになる。職長とは、眼鏡店や問屋から注文を受けたり、製造現場を取り仕切る人のことだ。静はこの仕事を通じて、経営感覚を身につけていくことになる。しばらくして、弟の正男も入社した。

静は11年間務め、正男とともに独立した。39（昭和14）年3月、名古屋市中区で「古澤レンズ工場」を立ち上げたのだ。東海光学の創業である。すでに戦争へ突入していた時代であった。

終戦前年の44（昭和19）年には米軍機による名古屋市内への空襲が激化した。そこで、岡崎へ工場疎開することになった。

こうしたことから、古澤レンズ工場の戦後は岡崎市鴨田町で始まった。46（昭和21）年のことだった。翌年には、正男が独立して「松竹レンズ工場」を立ち上げた。

静が乱視レンズ、正男が球面レンズを手掛け、取引先との交渉などは一致協力して進めた。

その後、古澤レンズ工場は法人化して「光陽光学」に、松竹レンズ工場は「松竹光学」となり、両社は66（昭和41）年に合併して「東海光学」となった。

東海光学創立祝賀パーティー（1966 年 3 月 31 日）

# ＡＪＯＣ指定工場

戦前の眼鏡レンズ製造は職人ごとに仕事を請け負い、ガラスを磨いて検査までを1人で行っていた。製品の出来不出来は職人の腕にかかっており、こうした世界では当然ながら小規模事業者が主流となる。

東海光学がここから一歩抜け出し、その後の成長を実現できた要因は、大きく二つを挙げることができる。

ひとつは、静が技術革新に熱心な人だったことだ。目覚ましい成果をすでに下村レンズ研究所時代に成し遂げ、業界の評判にもなっていた。

それは、「ＴＣ機械」という乱視レンズ量産機を開発したことだった。

「レンズ作りはなぜこんなに効率が悪いのだろうか」

疑問を抱いた静は研究に研究を重ねて機械の製造ができる鍛冶屋を探し出

し、3年間を費やして完成させたのだ。

戦後も技術革新には熱心で、注文を受けてから作っていては納期が遅れるので一定の在庫を保有し、注文があったら出荷できる即納体制を整えている。

もうひとつは、眼鏡小売店のボランタリーチェーン「ＡＪＯＣ」(協同組合オールジャパンメガネチェーン)から、加盟店で販売する眼鏡レンズの一切の製造を委託されたことだった。

このころは光陽光学と松竹光学に分かれていた時代で、両社の工場がＡＪＯＣの指定工場に選ばれたのだ。

ＡＪＯＣは１９５８(昭和33)年4月、全国の有力な眼鏡小売店7社によって任意団体オールニッポンメガネチェーンとして結成された。主目的のひとつは、共同仕入れによってメーカーからの直接仕入れを実現し、仕入れコストの低減を図ることだった。

だが、どんなに安く仕入れることができても、品質にばらつきがあっては共同仕入れの意味がなくなってしまう。どこを指定工場に選ぶかは重要な問題だった。

静は、ＡＪＯＣ代表理事である菊池眼鏡院（現在のキクチメガネ）の森文雄社長とは、下村レンズ研究所に勤めていた頃から何かとお世話になっていた間柄であり、品質のみならず即納体制なども評価されての指定だった。

静が開発した乱視レンズ量産機

# 初出勤の日

光があれば影があり、コインに表と裏があるように大抵のことには良い面があれば、それが原因で悪い面が生まれたりもする。

静は「良い物を作れば必ず売れる」が口癖の典型的な眼鏡レンズ職人であり、レンズを見ただけで「これは歪《ゆが》んでいる」「度数が出ていない」「軸がずれている」など、瞬時に判断することができた。

このような誠心誠意ものづくりに励む職人魂とＡＪＯＣの販売網が、東海光学の成長をもたらしてくれたが、見方を変えればこのことが弱点でもあった。

隅々にまで職人魂がしみ込んでいる職場では仕事は見て覚えるものであり、新人を一から教育するとか、分かりやすく教えるというような考え方も環境もなかった。

また、東海光学にとってもっとも大切な仕事は、ＡＪＯＣの加盟店が求めている眼鏡レンズを提供することだった。いうなればＡＪＯＣの工場部門として良いレンズづくりに全力を注いでいたため、新規に顧客を開拓するなどの必要性がなかった。

このような会社に私は入社して、悪い意味での職人気質に染まっていた企業風土を変革し、時代の先端を行く商品を次々と世に送り出すとともに、進むべき方向を見定めて中長期経営計画を策定し、人材育成にも力を注いできた。

こうした努力が実り、入社した時には80人だった従業員数は、現在では5倍の４００人にまでなった—と言いたいところだが、現実はそうではない。

私の前には、簡単に乗り越えることのできない障壁が次々に出現し、何とか乗り越えていくうちに現在にまでたどり着くことができたのだ。

最初の障壁は、鴨田工場に初出勤したその日に立ちはだかった。社長から「工場長の言うことをよく聞くように」と言われていたので、まず工場長の所へ行き、「よろしくお願いします」とあいさつした。

工場長はひと言も発しないばかりか、無言の目は語り掛けていた。

「大学出の青二才に何ができる」

初出勤当時の鴨田工場

# 「武雄の本」

当時の眼鏡レンズはガラス製で、レンズ工場では仕入れたガラスのブロックにカーブをつけ、表面を研磨して仕上げていた。

工場に配属された私は、その作業を覚えなければならなかった。しかし、当時の現場は職人たちばかりで、大卒の私をどう扱えばいいのか困惑していたのか、誰も何も教えてくれなかった。

「何をすればいいのか？」と質問すると、「あそこを片づけてくれ」とか「便所の掃除でも」といった言葉が返ってきた。

1週間が過ぎても同じような状態が続き、我慢にも限界があるので社長に現状を伝えた。

「ならば、名古屋へ行きなさい」

「名古屋」とは東区白壁町にあった「東海光学ラボラトリー」のことである。ここでは量産品ではなく、処方箋《せん》に基づいて加工する技術的に難しい特注レンズを作っていた。

総勢6人の小さな工場で、誰もが口を利く間もないくらい忙しく、ここでも仕事を教えてもらうことができなかった。

所長から「朝礼と終礼は出るように。後は自由です」と言われていたので、何もすることのない私はほとんど一日中、2軒隣の喫茶店にいた。

ここでコーヒーを飲みながら、「眼鏡レンズ」について勉強を始めた。卒論の内容は「メガネレンズメーカーの生産管理システム」だったが、レンズそのものについては基礎知識がなかったからだ。

分からないことは図書館で調べ、大学の先輩に話を聞き、それでも分からない時には国会図書館まで出掛けた。勉強の成果は、B5ノートに図解や図式、数式などを交えて書き込んでいった。

こうして、「光学に対する一般的知識」「光学硝子に対する一般的知識」「眼鏡レンズに対する一般的知識」「収差に対する一般的知識」「良い眼鏡レンズの条件」「コーティングについての一般的知識」の6章から成る全106ページの学習ノートが完成した。

分かりやすい内容だったので、その後は新入社員の教科書として用いられ、「武雄の本」と呼ばれるようになった。

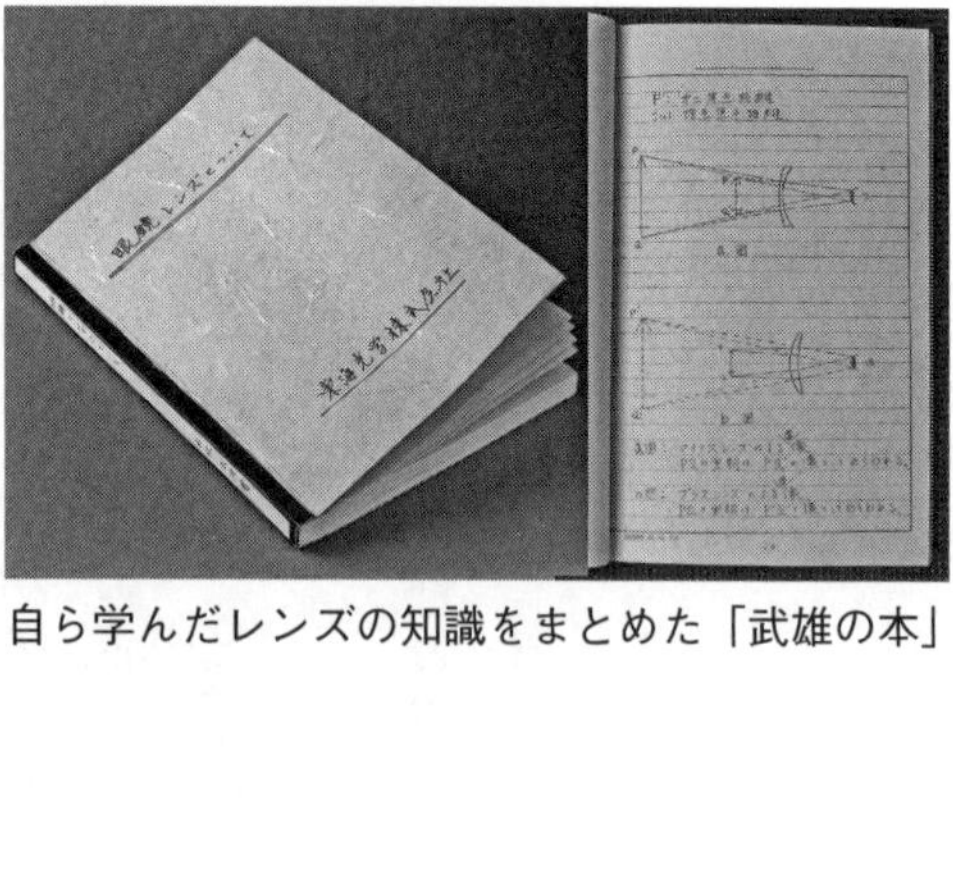


自ら学んだレンズの知識をまとめた「武雄の本」

# 原理原則

学習ノートを完成させたことは、自信につながった。

仕事を教えてくれなかった鴨田工場の人たちは勘と経験で職人技を磨いてきたが、眼鏡レンズについての原理を理解しているわけではなかった。

半年間の勉強を通じて基礎から学び、職人技がいかに優れているのかがよく理解できるようになった。私は自分自身のやり方で、「眼鏡レンズの世界」への扉を開いていったのだ。

勉強の成果は、ガリ版で刷って社員に見せた。私と同年代の高卒で入社した社員が、とりわけ熱心に読んでくれた。

眼鏡レンズを理解するには、先輩の背中を見ながら職人技を身につけていくよりも、原理原則を基礎から学んだほうが遥かに効率的で正確だからだ。

彼らから「眼鏡レンズについてもっと教えて欲しい」とせがまれるようになり、次第に先生のような立場になった。

入社して半年後の1967（昭和42）年10月8日、名古屋市中区にある中日ビルの「中日パレス」で結婚式が行われた。

中日ビルはその前年の4月に開館したばかりで、結婚式場も真新しく華やかだった。仲人は、菊池眼鏡院社長の森文雄ご夫妻にお願いした。

勤務地は、東海光学ラボラトリーから岡崎市内の六名工場に変わった。

鴨田工場に配属された時と同じようにまったくの平社員という待遇だったが、私に対する工場の人たちの態度は違っていた。荒削り、中ずり、研磨といったガラスレンズの製造方法を熱心に教えてくれたのだ。

仕事を教えてもらいながら、気になることがあった。職場環境は暑くて劣悪だったが改善しようとはせず、仕事の進め方にもばらつきがあった。

品質管理などについて提案し、時には会議を開いてみんなとよく討論するようになった。私は自分の居場所をようやく見つけることができ、果たすべき役割を自覚していくようになる。

転勤になった当時の六名工場（前身は松竹光学）

# ものづくりは第一級だが…

1968（昭和43）年、六名工場から鴨田工場へ戻った。今度の職場は製造現場ではなく、営業部管理課だった。合併後、光陽光学の工場は鴨田工場、松竹光学の工場は六名工場と呼ばれていた。

一般には考えにくいと思われるが、営業部の中では管理課がもっとも重要な部署であり、管理課の長を営業部長が兼務するくらいに重視されていた。なぜ、これほどまでに管理課が重視されていたかというと、原因は当時の売り上げ構成にあった。

合併以前からAJOCの指定工場になっていたが、その後加盟店が増え、加盟店は店数を増やして総店舗数は数百店になっていた。

この結果、売り上げの97パーセントが加盟店への販売であり、残りの3パーセントは古くからの取引先である個人店だった。

加盟店は地域の有力眼鏡店が多く、チェーン展開に力を入れていて商売には勢いがあった。これに伴い、東海光学の売り上げも着実に伸び続けていた。

このように、ＡＪＯＣとともに発展を続ける東海光学は自ら進んで営業活動に手を染める必要がなく、ＡＪＯＣの製造部門という役割がすっかり定着していた。

もっとも大切な仕事は、良い商品を確実に作り上げ、間違いのない受注・発送・管理を行うことであり、管理課が最重要視されていたのは、いわば必然的であった。

社長は自らの役割に忠実で、商品の品質に対する指示とチェックには第一級のものづくり精神が込められていた。

だが、20代の私はただ待つだけの営業には耐えられなかった。そんな悩みを抱える私が足を運ぶようになったのは、流通業界のリーダーたちが参加している勉強会だった。

眼鏡業界でＡＪＯＣが躍進していたように、小売業界には流通革新の激しい波が押し寄せていた。

配属された営業部管理課

## 流通革新のうねり

流通革新が目指した大きな目的のひとつは、流通を簡素化して流通コストを大幅に削減することだった。

それまでは、1次問屋、2次問屋、あるいは産地問屋、消費地問屋など複雑な問屋網に依存していた。これを経由することなく、メーカーから直接小売店へ商品が流れる仕組みを作り上げていこうというのだ。

このため小売店は店舗数を増やし、売り上げを拡大して直接メーカーから仕入れることが可能な販売力の確立を目指していた。

眼鏡業界において、全国の有力な眼鏡小売店が結集してAJOCを設立したのも、こうした大きなムーブメントの中における試みのひとつだった。

では、このころの眼鏡レンズ業界はどうなっていたかというと、国内メーカーでは、日本光学工業（ニコン）と保谷硝子（ＨＯＹＡ）が双璧をなしていた。ＨＯＹＡの眼鏡レンズ分野への参入は遅かったが、大がかりな宣伝でシェアを広げつつあり、東海光学はこの二強の狭間に位置していた。

流通はというと、三者三様だった。ニコンは問屋経由で販売され、ＨＯＹＡは独自の直販体制を敷き、東海光学はＡＪＯＣ加盟店へ直接納品していた。

一方、加盟店が扱っていたのはすべてが東海光学ではなく、ニコンやＨＯＹＡも扱っていた。知名度の高いニコンやＨＯＹＡのニーズがあれば、それに応えなければならないからだ。

私は小売店から注文や要望が寄せられるのを待っているだけでなく、もっと営業らしい営業、攻めの営業がしたかった。このため、加盟店の各店舗へ足を運んで直接意見や要望を聞くよう努めた。

店は商売の最前線であり、その声をよく聞いて良いところはもっと良くし、悪いところは改善して商品開発に生かしていくためだった。

野上眼鏡店（新潟市）

相沢眼鏡店（仙台市）

富士眼鏡店（札幌市）

菊池眼鏡院（名古屋）

ノセ眼鏡店（松本店）

田中眼鏡店（広島市）

三城眼鏡店（姫路市）

AJOC 設立当時の 7 社の代表的な店舗

# 小売店の声を聞く

加盟店を訪れると、よく言われたのがニコンやＨＯＹＡとの比較だった。

「なぜニコンやＨＯＹＡのようではないのか」

大抵はお叱りの言葉だった。

ある日、「東海光学のレンズはやはりだめだな」と言われたことがあった。

理由を尋ねると、それまでニコンのレンズを使っていたユーザーが、東海光学のレンズを使った眼鏡を購入すると、クレームが多いというのだ。

ブランド力によって、店も消費者も〝レンズと言えばニコン〟という時代だったので、東海光学のレンズが悪いと決めつけられてしまったのだ。

ブランド力では負けていても、品質には自信があった。しかも、ＨＯＹＡのレンズを使っていたユーザーからのクレームは無いという。

調べていくと、レンズを研磨する時に東海光学とＨＯＹＡは「クボタカーブ」、ニコンはドイツのレンズメーカーの「ツァイスカーブ」を採用しており、レンズの表裏の微妙なカーブの違いが見え方の違和感につながり、それが原因だと分かった。

そこで「ツァイスカーブ」で研磨して小売店へ持っていったところ、しばらくして様子を伺うと「クレームが無くなった。なぜだろう」と不思議がられた。クレームの原因は品質ではなく、製法の違いだということが証明されたのだ。

こうしたひとつひとつの出来事は、当時の東海光学にとって貴重な経験となった。

国内の眼鏡レンズメーカーとしてニコンとＨＯＹＡの二強に対抗していくためには、両社と同等、あるいはそれ以上の技術力、商品開発力、経営力を備えていかなければならなかったからだ。

そのためには社内から外部の世界を眺めることも大切だが、それ以上に外から社内を見詰めることが大切と考えていた。より客観的に、自身の立ち位置や実力が認識できるからだ。

嫌な思いをする場面も多々あったが、加盟店からのさまざまな指摘は貴重な情報であり、商品開発だけでなく受発注体制の改善などにも生かしていくことができた。

販売本部を立ち上げて攻めの営業へ（奥の左）

## 初のコーティングマシン

眼鏡レンズの世界へ足を踏み入れたころ、業界の在り方をがらりと変えてしまうくらいの大きな技術革新の波が押し寄せようとしていた。

波はひとつではなく、三つもあった。

「眼鏡レンズのコーティング技術の確立」

「遠近両用の累進レンズの登場」

「新素材のプラスチックレンズの普及」

このうち「眼鏡レンズのコーティング技術の確立」については、私が入社した年に東海光学にコーティングマシンが導入された。きっかけはＡＪＯＣの海外視察だった。

ＡＪＯＣは設立以来欧米の眼鏡協会の会員になり、ビジョンケアや眼鏡ファッションの動向、サービスの在り方などを学ぶためにまだ海外渡航が一般的ではなかったが、毎年海外視察団を派遣していた。

そこで、眼鏡レンズのためのコーティングマシンが開発されたことを知った。真空蒸着によって、ガラスレンズに硬くて均一な薄膜を付ける機械だ。コーティングにはさまざまな利点があるが、大きな特色は「レンズの乱反射を防止する」「レンズに色をつける」の二つである。

興味を示したAJOCはスイスのサティス社と技術提携して、加盟店用のコーティングマシンを開発してもらい、導入した。デモンストレーションを兼ねて、店頭でコーティングレンズを作り上げるためだった。

予想外の手ごたえがあり、本格的に手掛けていくことになった。となれば、店頭ではなく工場で加工する必要がある。AJOCの工場とは、すなわち東海光学のことだった。

任されたのは、私より3歳年下で当時21歳の技術者、東屋時彦《あずまやときひこ》だった。東屋はさっそく東京に転勤となり、ＡＪＯＣが保有してきたコーティング技術の習得に努めた。

イタリアのメタルルックス社に発注し、8月には最新鋭の真空蒸着装置2台が鴨田工場に到着した。

サティス社製とは比較にならない大がかりなマシンで、これが日本で初の本格導入となった。

1971 年、AJOC の海外視察に同行（前列左端）

# コーティング需要の増大

メタルルックス社製は、サティス社製に比べて格段に優れていた。

サティス社製は8枚のレンズの片面にコーティングし、一度装置から取り出してひっくり返し、もう片面をコーティングしなければならなかった。

これに対しメタルルックス社製は、21枚のレンズの両面を一度でコーティングすることができた。しかし、稼働してみると日本のレンズの検査にパスしなかった。欧州よりも日本の品質規格のほうが厳しかったからだ。

かつてないほどの大型投資であり、失敗するわけにはいかない。試行錯誤を重ねて導入してから3カ月後に問題を解決し、ようやく全面稼働にこぎ着けることができた。

これに伴って、AJOC加盟店の店頭に置いてあったサティス社製のコーティングマシンは撤去された。

1967（昭和42）11月、メタルルックス社からマドロンという技術者がやってきた。コーティング技術のプロフェッショナルとなった東屋とともに、実践的な真空蒸着によるガラスコーティング技術について話を聞くことができた。

その後、コーティングレンズの需要は増大していき、やがてコーティングなしのレンズを上回った。当然、コーティングマシンを増設する必要に迫られることになる。

しかし、外国製の機械は何と言っても高額だった。

「日本製であればもう少し安く導入できるのではないだろうか」

そこで、東屋と情報の収集を開始した。日本にもレンズコーティングを研究している「日本真空光学」という会社があった。現在は技術開発型の立派な企業に成長していると聞いているが、当時は東京・品川にある小さな会社だった。

ここに何度も足を運び、向こう側からも何度もやって来て、69年3月に1台、8月に2台、9月に1台と、合計4台の真空蒸着装置を購入した。

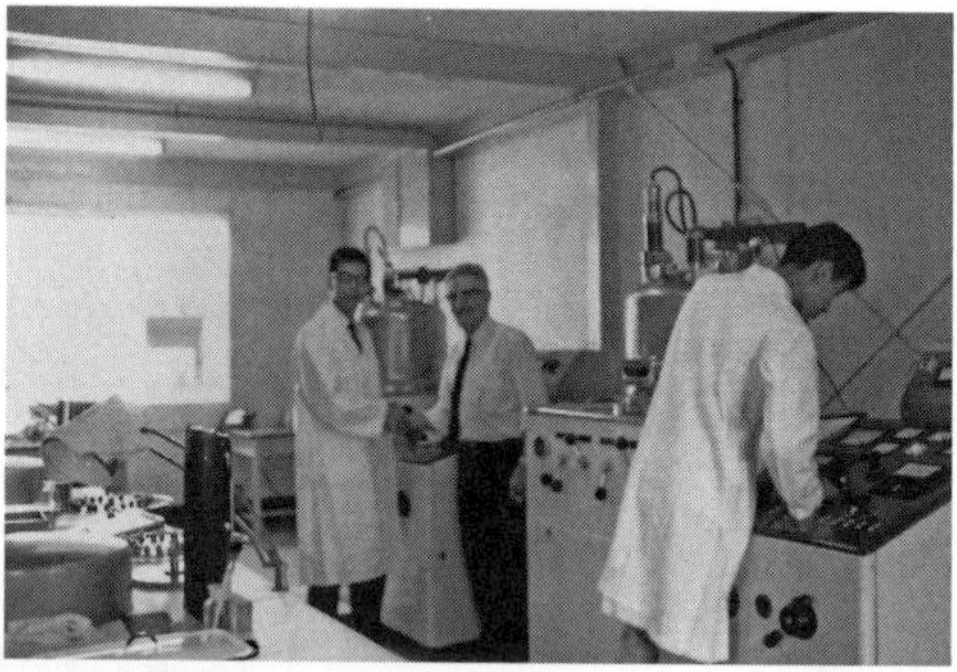

技術指導のため当社を訪れたマドロン氏（中央）
と握手を交わす

## 累進レンズの登場

新技術の大きな波の二つ目は「遠近両用の累進レンズの登場」だ。日本では、私が東海光学に入社した年に初めて登場した。

それ以前にも、1枚のレンズで「遠く」と「近く」がよく見えるものがあったが、度数の異なる2枚のレンズを1枚に貼り合わせたもので、その境目がはっきり見えていた。その後、「遠く」「中間」「近く」がよく見える3焦点レンズも開発されている。

しかし､累進レンズはこれとは異なり1枚のレンズで境目を感じることなく、遠くから近くまで見ることができるように設計されている。

開発したのは、フランスのエシロール・インターナショナル社の前会長、ベルナール・メトナーズ氏だ。このレンズは今でも設計できる人は少ないと言われるほど作ることが難しかった。

このレンズを日本で最初に使用したのは、ＨＯＹＡの『バリラックス』だ。エシロール社から累進設計された半製品を輸入し、レンズの裏面を研磨して用いた。

『バリラックス』は「40代からの境目のない遠近両用レンズ」として広く知られていたが、日本では遠近両用レンズを用いたレンズのメーカーはほかにはなかった。

業界の中で大変な技術の進歩であることを疑う人はなく、市場の反応も良好で、ＨＯＹＡの独壇場状態が続いた。

当然、「バリラックスに対抗できるレンズが何とか作れないだろうか」という気持ちになった。ＡＪＯＣ本部からも「東海光学でもできないだろうか」という声が寄せられてくる。

しかし、社内の熟練技術者に質問してみても「どうやればできるのか、作り方がまったく分からない」という言葉しか返ってこなかった。

悶々《もんもん》とした日々を過ごしているところへ、思い掛けない朗報がもたらされた。

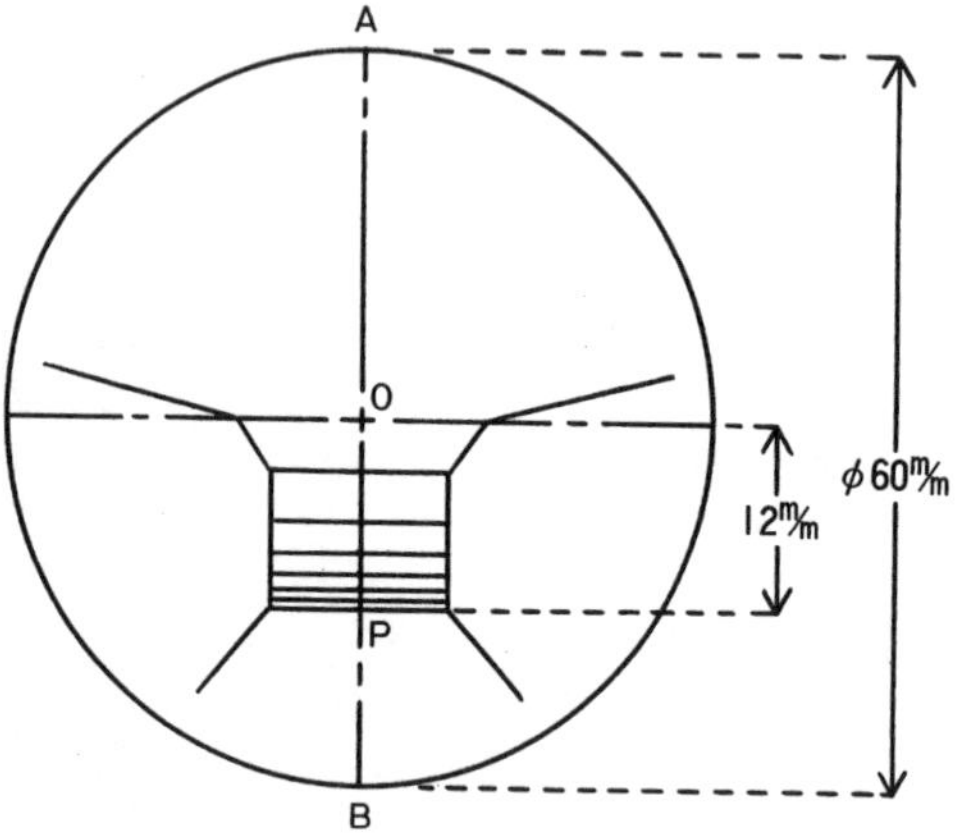


累進レンズの原理（A－O：遠用部分、O－P：中間部分＜可変焦点面＞、P－B：近用部分）

# 累進レンズ『ＺＯＯＭ』

もたらしてくれたのは、高砂貿易の五味原《ごみはら》康《やすし》社長だった。高砂貿易は、フランスのガラスレンズの素材を提供していた輸入商社だった。

五味原社長とは年齢が近く、互いに2代目ということもあって意気投合するところが多かった。

「フランスには、エシロール社のほかにも累進レンズを作っているメーカーがある」

ベノア・ベルチオ社の累進レンズの製品名は『ＺＯＯＭ』、これを手に入れることができれば、遠近両用レンズを提供することができる。そう思うと、血が騒いだ。

「ぜひこれを輸入しよう」

さっそく決断し、その考えを社長に伝えると、ひと言が返ってきた。

「武雄君に任せる」

こうして、ベノア・ベルチオ社から購入することになった。

HOYAと同じように半製品を輸入し、裏面を研磨してお客さまに合わせた度数を付けて販売する形態だ。すべてが特別注文のレンズとなる。

こうして東海光学は1969（昭和44）年12月、遠近両用の累進レンズ『ZOOM』の発売にこぎ付けることができた。

累進レンズは、目が慣れるまでの間は横のほうが歪《ゆが》んで見えるという難点があった。このため、初めて『ZOOM』をチェックした社長は言った。

「こんなぐにゃぐにゃに見えるメガネでは、目が悪くなる」

しかし、『ZOOM』は広く受け入れられ、成長著しいAJOCのルートで販売されたので、しばらくすると売り上げ枚数は『バリラックス』を上回った。

すなわち、日本で一番売れている累進レンズになったのだ。

ベノア・ベルチオ社の社長（左）と

# 海外事情を視察

新技術の大きな波の三つ目は、「新素材のプラスチックレンズの普及」だ。現在、わが国では軽くて割れにくいプラスチックレンズが眼鏡レンズの95パーセントを占めている。

登場したばかりのころのプラスチックレンズは傷つきやすかったし、ガラスレンズに比べて厚くて軽く、おもちゃのように見えたのでほとんど相手にされなかった。

しかし、サングラスがブームになったり、一般の眼鏡でもファッション性が重視されていくにつれて、染色が容易で量産が可能なプラスチックレンズが次第に求められるようになっていった。

「ガラスからプラスチックへ」

眼鏡レンズ市場の大転換が始まろうとしていた時、プラスチックレンズと向き合う機会を得ることができた。それは、1970（昭和45）年のことだった。

3月17日から4月8日までの22日間にわたり、最新のレンズ事情を視察するため単独で欧州に出掛けた。フランスの眼鏡レンズ関係の3社を訪問するのが主な目的だった。

最初の訪問先は、CMV社という機械メーカーだった。世界で一番速いガラスレンズの研磨機を開発しており、新鋭機械を発注するためだった。

次に訪問したのは、ガラスレンズの素材を提供してくれていたソビレル社で、購入する材料の打ち合わせを行った。

3番目の訪問先は、ベノア・ベルチオ社で、トップと面会し工場を見学するとともに、商品に関する打ち合わせなどを行った。

ほかに、予定外の行動をとった。フランスのプラスチックレンズメーカー

「オルマ社」を訪問したのだ。

日本では、プラスチックレンズはまだほとんど流通していなかったが、オルマ社はすでに、フランスの眼鏡レンズ市場の20から30パーセントのシェアを占めていた。

この波はもうすぐに日本にも押し寄せてくる、と直感した。

オルマ社のプラスチック工場にて

# 無謀なチャレンジ

欧州視察から帰国しても、オルマ社で見たプラスチックレンズが頭から離れなかった。

「これから間違いなくプラスチックレンズの時代がやって来る。しかし、プラスチックレンズには特有の弱点がある。表面が柔らかくて傷つきやすいことだ。この表面をガラスのように硬く強くすることはできないだろうか」

このことばかりを考えていると、ひとつのアイデアがひらめいた。真空蒸着によって、プラスチックの表面をガラス素材でコーティングできないだろうか、というものだった。

だが、このアイデアは容易には実現できなかった。プラスチック用の真空蒸着装置は、世界中どこを探しても存在しなかったからだ。

しかも、このアイデアには大きな矛盾があった。ガラス素材を真空蒸着するために温度を上げていくと、プラスチックが溶けてしまうからだ。

これを解決するには、専門家の手助けが必要になる。そこで、日本真空光学に相談を持ち掛けた。

「そういう事例は聞いたことがありません」

しかし、私は引かなかった。

「前例がないから、チャレンジする必要があるのです」

日本真空光学は、ひとつの案を提示してくれた。蒸着装置に電子銃を取り付け、真空状態の中で低融点のガラスを飛ばしてプラスチックの表面に蒸着しようというのだ。うまくいけば、高温でなくても表面を硬くすることができる。

さっそく米国製の電子銃を購入した。当時で1000万円もする高額な装置が届くと、ガラスコーティングに取り組んだ東屋と2人で実験を開始した。

理屈ではうまくいきそうだったが、失敗の連続だった。何度試みても、伸び縮みするプラスチックの表面にガラスの膜ができないのだ。

結局、無謀と言われても仕方のない挑戦を断念せざるを得ず、1000万円という巨額な投資を無駄にしてしまった。

プラスチックレンズのコーティング研究に利用した真空蒸着装置

# 「プラスチック」を扱う

1972（昭和47）年3月、営業部長に就任した。その私にAJOCから「プラスチックレンズを扱ってほしい」との要請があった。

前年にプラスチックレンズのコーティングに失敗していたので、表面の柔らかなプラスチックレンズは一般の眼鏡には向かない。だから、扱うことはないだろうと半ばあきらめていた。

欧州視察に出掛けた時点ではプラスチックレンズの需要はほとんどなかったが、わずか2年の間に需要が生まれ、AJOCの加盟店でも取扱量が増えつつあった。

言うまでもなくノンコーティングでは、表面が柔らかくガラスレンズに比べて傷つきやすいが、「需要があるのなら、東海光学でも扱うべきだ」ということなったのだ。

こうして、AJOCを通じてオルマ社からプラスチックレンズの半製品が入ってきた。東海光学がこのプラスチックレンズを扱うということは、ガラスレンズと同じように磨いて度数をつけるということだ。

そこで、社員を研磨技術習得のための研修に派遣し、フランスのシロール社製の研磨機一式と治工具、研磨材を購入し、鴨田工場内に「プラスチックラボ」を開設した。

こうして、12月から東海光学初のプラスチックレンズとして『メジャー』、『スーパーメジャー』を発売した。

翌年、思い掛けない出来事があった。ベノア・ベルチオ社から新製品『ZOOM HIFI』が入ってきたのだ。それを見て、私だけでなく業界の誰もが驚いた。それはガラス製ではなく、プラスチック製の累進レンズだったからだ。

おそらく、世界初だった。

プラスチックラボは、プラスチックレンズの『メジャー』・『スーパーメジャー』とプラスチック累進レンズの『ZOOM　HIFI』の研磨により、にわかに活気づいた。

鴨田工場内に開設した「プラスチックラボ」

## 衝撃的な出来事

プラスチックレンズの売り上げは拡大していったが、1980（昭和55）年8月、衝撃的な出来事が起きた。『ZOOM』と『ZOOM HIFI』が輸入できなくなったのだ。

理由はベノア・ベルチオ社が、エシロール社の傘下に入ったことだった。国策により、国内すべての眼鏡レンズメーカーがエシロール社のグループ企業になったのだ。

それまでエシロール社の製品を輸入していたのはHOYAであり、その関係で日本への輸出窓口はHOYAに絞られ、東海光学は取引先から外されてしまった。加えて、オルマ社からのプラスチックレンズの調達も難しくなりつつあった。

すなわち、累進レンズとプラスチックレンズという二つの戦略商品を失うことになったのだ。私は対応を迫られた。

まず、累進レンズについては、設計が高度でいろいろな特許で保護されているため、東海光学では取り組むことはできそうになかった。

一方、プラスチックレンズは、まだ対応の方法があった。ひとつは、別のメーカーを探し出してそこから調達する方法。もうひとつは、原料となる樹脂の段階から自社生産する方法だった。

プラスチックレンズの製造は、熱硬化性樹脂をガラス製の型に流し込んで炉で加熱し、レンズの原型を作ることから始まる。この加熱して固めることを「重合《じゅうごう》」（キャスティング）という。

これは技術的に難しく、東海光学にはガラスレンズのプロフェッショナルはいても、樹脂についての技術的な蓄積はまったくなかったし、多額な投資も必要になる。

だが、プラスチックレンズの将来性を確信していた私は、鴨田工場に重合炉を1機導入し、応用化学科出身で入社2年目の社員を研究に当たらせることにした。

プラスチックレンズ製造用に導入した重合炉

# 鯖江からの訪問者

重合炉を導入したのは、1981（昭和56）年6月のことだった。それからしばらくしたある日、福井県鯖江市から1人の人物がやって来た。サンルックスという会社の社長で、プラスチックの度付きサングラスを原料加工の段階から製造していて、主に米国に輸出しているとのことだった。

話を聞きながら、私は8年前の8月の出来事を思い出した。同じように鯖江市で、サングラスを中心に、プラスチックの度付きレンズを原料加工の段階から作っているという会社の専務が訪ねて来たからだ。前年に設立したばかりの日本レジン光学という会社で、専務は言った。

「一緒に事業ができないでしょうか?」

そして「経営も応援してもらいたい」とつけ加えた。

気持ちが大きく揺らいだ。ちょうどプラスチックラボを立ち上げ、軌道に乗り始めたころだったからだ。

国内では、度付きプラスチックレンズの高級品を原料加工の段階から手掛けているメーカーは1社もなく、半製品をフランスなどから輸入して研磨加工していた。

プラスチックレンズの原料は、商品名「CR—39」という熱硬化性樹脂で、熱を加えると硬くなり、一度固まると後で熱を加えても柔らかくならないという特性がある。

国内には、何度の熱を何時間加えるかなど成型技術のノウハウもデータの蓄積もないと言われていたが、日本レジン光学の技術陣は早い段階からCR—39に着目し、研究に取り組んできたと言うのだ。

この申し出を受け入れれば、東海光学独自のプラスチックレンズを開発する道が開けてくる可能性がある。

大いに乗り気になったが、日本レジン光学の経営状態を調べていくうちにいろいろな問題を抱えていることが分かり、その年の10月、提携を断念した。

それから2カ月後、日本レジン光学は旭光学工業（現リコーイメージング）という会社に買収され、その子会社になった。

私は悔やんだ。買収されたということは企業価値が認められたということであり、独自のプラスチックレンズを開発する好機を逃してしまったように思えたからだ。

プラスチックレンズの原料を攪拌する装置

## サンルックスとの提携

サンルックスの社長の話を聞いていると、日本レジン光学と無関係でないことが分かった。社長は、旭光学から日本レジン光学に経営者として派遣された人物だったのだ。

ところが、旭光学がプラスチックレンズの製造から撤退し、日本レジン光学を清算することになった。そこで、派遣されていた人たちが事業を引き継ぐために設立したのが、サンルックスだった。

引き継ぐ条件には工場の土地・建物の返却が含まれており、工場を移転するにも資金が必要になる。返却の期限はその年の年末と迫っている。

そこで、東海光学と業務提携するとともに資金の支援を得たいというのが、訪問の目的だった。

輸出用とはいえ、実際にプラスチックレンズを製造している。ということは、重合のノウハウと設備一式を備えている。

東海光学は重合炉を導入してプラスチックレンズの研究を開始したがまだ手探りの状態であり、サンルックスとの業務提携には大きな魅力があった。

さっそく、鯖江市に赴いて、生産・販売状況や品質、財務内容を調査した。財務内容は芳しくなく、品質も満足できる水準にはなかった。

プラスチックレンズが伸びているといってもまだガラスレンズ全盛の時代であり、迷った。懇意にしている得意先からも「東海光学はガラスレンズで行くべきだ」との声が多かった。

その中でただひとり、キクチメガネの森文雄社長がこうアドバイスしてくれた。

「これからはプラスチックレンズの時代だ。絶対にやるべきだ」

私は、サンルックスとの提携を決意した。

資本提携した当時のサンルックスの社屋

## 新たな二つの挑戦

1981（昭和56）年9月、東海光学はサンルックスと業務提携を結んだ。東海光学が資本金の半分の600万円を出資し、役員も派遣する内容だった。

この時、サンルックスの技術向上のために派遣したのが開発技術課長の伊藤栄二だった。上司の指示を仰ぐまでもなく自ら職場を改善していく力量の持ち主で、幅広い人脈を築き上げており、後に副社長にまで昇格していくことになる。

工場移転の期限は年末だったが、伊藤たちの迅速な取り組みにより、それよりも早く実現することができ、新工場は11月に稼働した。

サンルックスと業務提携を結んだ月に、東海光学は鴨田工場にコーティングの新鋭機を1台導入した。

レンズコーティングには、表面の乱反射を防止して光の透過性を高める「マルチコート」と、表面を硬くして傷つきにくくする「ハードコート」がある。導入したのは、プラスチックレンズ専用のマルチコーティングマシーンだった。

私は10年前にプラスチックレンズのコーティングに挑戦して失敗しているが、超低温度を作るクライオポンプが装着された新たな真空蒸着装置が開発されたのだ。

このように、プラスチックレンズに関して二つの課題に取り組んだ。

「外部から調達するのではなく、サンルックスでオリジナルなレンズを製造する」

「再度、コーティングを試みる」

いずれも、容易ではなかった。

サンルックスは主に輸出サングラス用としてプラスチックレンズを商品化し

ていたが、品質に対する認識の違いもあり東海光学が満足できる品質水準に達していなかった。

このため、昭和電工と素材メーカーのPPGインダストリーズ社の力を借りて、良品率向上への取り組みを開始した。技術的課題の解決法を見つけ、東海光学が初のマルチコートプラスチックレンズを発売できたのは、その年の12月だった。これによって、プラスチックレンズのコーティングという挑戦は達成することができた。

昭和電工との関係は伊藤の個人的な交流から生まれたもので、このことが後に見舞われる大ピンチを大きなチャンスに変えていくことになる。

クライオポンプが装着された真空蒸着装置

## プラスチック専門工場建設

オリジナルなプラスチックレンズを製造するというもうひとつの挑戦も、年末ぎりぎりになって達成することができた。サンルックスから「重合品」といわれるレンズの原型、すなわち研磨加工する前の半製品が入ってきたのだ。技術的に克服すべき課題はまだ残っていたが、これによって他社製品に頼らずに、オリジナルなプラスチックレンズを素材の段階から作り上げる道が開けてきた。

東海光学が扱っているプラスチックレンズは、他社製品を仕入れて販売する「在庫品」と、半製品を研磨して販売する「特注品」に大きく分かれていた。

このうち、特注品についてはガラス研磨で磨き上げてきた創業以来の技術力を生かすことができる。

すでにガラスレンズからプラスチックレンズへの変化が明確になってきていたが、この流れが加速していけば東海光学の特注品に対する眼鏡店の期待は高まり、需要は確実に増えていくと思われた。

　ところが、鴨田工場は狭くガラスレンズの製造で手いっぱいの状態であり、プラスチックレンズを本格的に手掛けるだけの余裕がない。となれば、プラスチックレンズの専門工場が必要になってくる。

　年が明けるとすぐに候補地探しを開始し、鴨田工場と六名工場の中間地点に良い物件を見つけることができた。ユニチカの子会社の家具業者が所有していた土地・建物で、これを大幅に改造して1982（昭和57）年6月、「日名工場」が誕生した。

　予想していたように、プラスチックレンズのウエートはその後急速に高まっていった。この年の東海光学のプラスチックレンズの売り上げシェアは20パーセントだったが、84（昭和59）年には40パーセント、88（昭和63）年には55パーセントとなり、ガラスレンズと逆転していくことになる。

プラスチックレンズの専門工場として稼働した
「日名工場」

# 『ハードマルチ』の誕生

これでプラスチックレンズ急増の流れにうまく乗っていけると思われたが、また新たな問題が顕在化してきた。コーティングした反射防止膜がはがれ、眼鏡店からクレームが寄せられるようになったのだ。

ガラスレンズをマルチコーティングしていた時は、このようなクレームは発生しなかった。なぜこのような問題が起きるのだろうか。

プラスチックレンズをコーティングしているのは、ガラスの主成分である二酸化ケイ素などの無機物質である。これに対して、プラスチックは有機物質である。

無機物質と有機物質では、膨張係数が異なる。有機物質は熱を加えれば大きく膨張し、冷やせば大きく縮むが、無機物質はそこまでの変化はない。となれば、周囲の温度が変化を繰り返しているうちに、コート膜がはがれてきても不思議ではなかった。

ガラスレンズの場合は、レンズもコート膜も無機物質なので、このような膨張係数の違いを考えなくてもよかったのだ。これはもちろん、東海光学だけでなく業界全体の悩ましい問題だった。

そこへ、もうひとつの技術が登場してきた。プラスチックは柔らかく傷つきやすく、それを防ぐために表面を硬くする「ハードコート」という技術だった。

この技術は「マルチコート」にも大きな福音《ふくいん》をもたらした。プラスチックレンズをハードコーティングすると表面が硬くなるだけでなく、その上にマルチコーティングするとハードコートがクッションとなってはがれにくくなるのだった。

開発したのは、日本板硝子の子会社「日本ペルノックス」だった。そこでいち早く交渉を開始し、ノンコートレンズを送ってハードコーティングしてもらい、返ってきたレンズにマルチコーティングを施した。

こうして生まれたのが、1982（昭和57）年12月に発売したプラスチックレンズの新製品『ハードマルチ』だった。

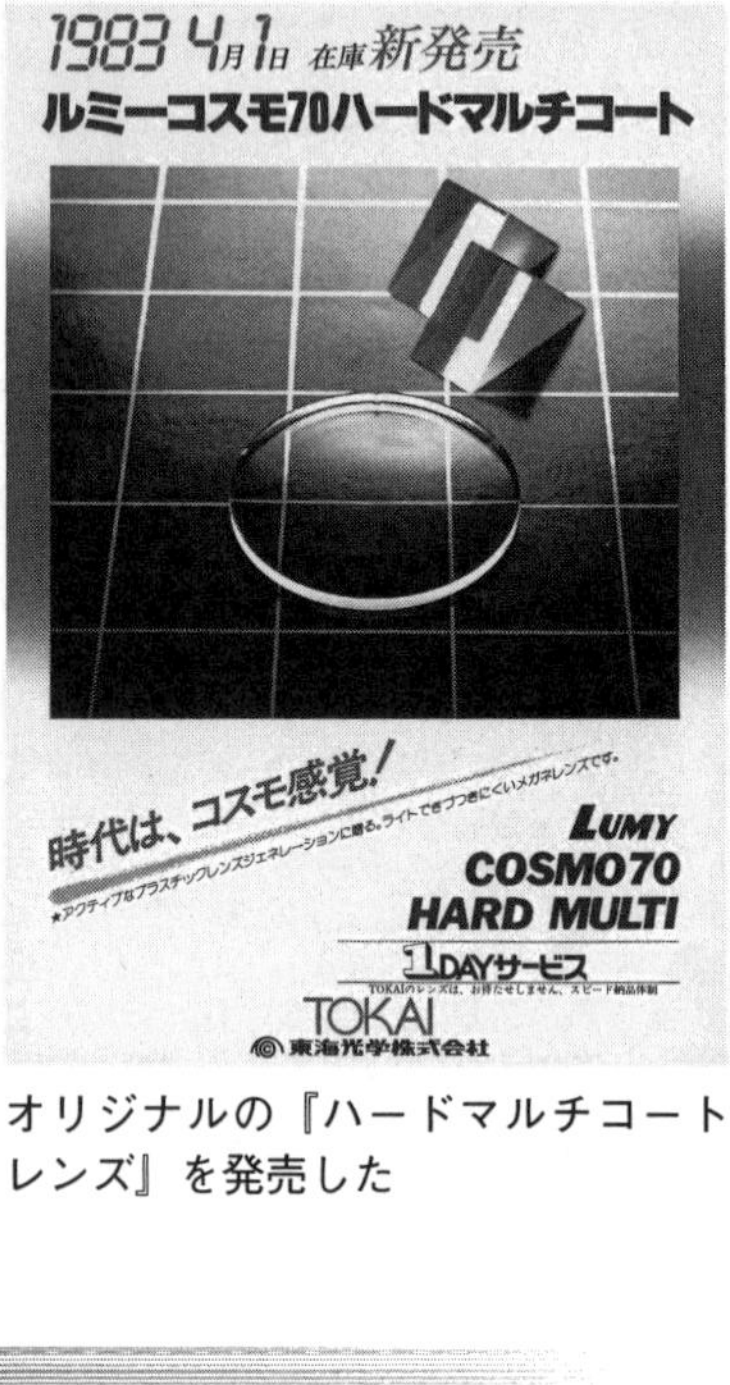

オリジナルの『ハードマルチコートレンズ』を発売した

# 最高のサービス体制

これまで技術的な側面を中心に述べてきたが、東海光学は最高かつ最強のサービス体制づくりにも力を入れてきた。中でも特筆すべきは、１９８０（昭和55）年12月1日からスタートした「１ＤＡＹサービス」である。

きっかけは、東海光学が隔週の週休２日制を採用してしばらくしたころ、ある眼鏡店の店主さんから言われたひと言だった。

「メーカーは土日が休みでいいですね」

これは、単なる皮肉ではなかった。眼鏡店では土日の来客がもっとも多い。中には当然、急ぎの注文もある。しかし、メーカーが休みなので対応することができない。すなわち、社員のためを思って導入した週休２日制が、顧客サービス低下の一因になっていたのだ。

この話を聞かされた時、そこまで考えが及ばなかった自分が恥ずかしく、胸をわしづかみにされたような思いがした。

「これは何とかしなければならない」

そう思った私は、時差出勤や2交代制などを組み合わせ、年末年始などを除いて年中無休の体制を整えた。

そして、さらにもう一歩進めて大幅な納期の短縮に取り組んだ。これが、受注してから研磨やコーティングなどの二次加工を経て、出荷するまでを24時間で行う「1DAYサービス」である。

問屋経由で眼鏡レンズを販売しているメーカーの場合、受注から納品まで物理的に4、5日はかかる。これに対し、東海光学へ注文すれば1日で品物が届くわけであり、画期的なデリバリーシステムだった。

プラスチックレンズへの取り組みが本格化してきた83（昭和58）年10月には、

顧客サービスの一段の強化を図るために『ＴＯＳＳ』（トーカイ・オーダー・サービス・システム）をスタートさせた。

メガネも「個の時代」を迎えた。このため、得意としてきたラボ機能をさらに強化し、店からフィードバックされてきたパーソナルな顧客ニーズを製品に反映させて、お客さま一人ひとりの満足度を高める特注レンズづくりを目指したのだ。

TOSS（トーカイ・オーダー・サービス・システム）のパンフレット

# 社長就任

1983（昭和58）年には、思いがけない形で東海光学が節目を迎えることになった。始まりは12月に入ったころ、自宅にかかってきた1本の電話だった。相手は社長の古澤正男だった。79（昭和54）年に静が会長となり、正男が社長に就任していた。この時から、私は専務になっていた。

正男が自宅に電話してくることはめったになく、何かあったのだろうかと思ってとると、信じられない言葉が聞こえてきた。

「武雄くん、社長を引き受けてくれないか」

私は耳を疑い、言葉が出てこなかった。困惑していると思ったのか、正男は慰めるように続けた。

「私も会長も残るから」

説得されても、即断できる話ではない。いったん電話を切り、静に電話をして事情を説明した。すると、静は言った。

「おまえがやると言うのなら、やればいいじゃないか。それならば少しでも早いほうがいい」

こちらが「やりたい」と言ったのではなく、「引き受けてくれないか」と言われて相談したのに、兄弟の間ですでに話がついている雰囲気だった。

正男が社長に就任してまだ2期4年。私も周囲の人たちも5期10年は務めると思っていたので、いかにも唐突な要請に思えた。しかし、これは正男が熟慮を重ねて下した決断だったのだ。

それまでは、静と正男が力を合わせて東海光学を築き上げてきた。作ってきたのは、技術の結晶のような精巧なガラスレンズだった。それが、プラスチックレンズへの大転換の動きが鮮明になってきた。だから、これからの東海光学を私に託したいというのだ。

それから2週間後に株主総会と取締役会が開かれ、私は社長に、正男は会長に、静は名誉会長に就任した。

1984年9月、社長として初めて臨んだ経営計画発表会

# 一冊の書物

「専務でも社長でも変わらないから」

正男はこう言ったが、社長と専務は決して同じではなく、最高責任者となった私の両肩には例えようのない重圧がのしかかってきた。

専務の時には、何かあっても社長がいるという安心感があった。しかも、静とは常に一体であり、社長に就任してその安心感の大きさをはっきり実感することができたのだ。

だが、もはや後戻りはできない。世の中は大きく変化し、会社を取り巻く環境も取り扱う商品も変化してきた。これからは私自身のやり方で、新しい東海光学を創り上げていかなければならない。

そんな決意を迫られていた心をとらえたのは、書店のビジネス書コーナーで何気なく手に取った『生きた戦略計画のつくり方』という一冊の本だった。

それまでの東海光学にも、経営計画はあった。しかし、いずれも短期の計画だった。私はこのやり方に疑問を抱いていた。必要に迫られて機械を発注しても導入までに時間がかかるので、導入時点で適性を欠く場合があったからだ。

すなわち、設備投資や採用についても中長期的な観点から見通しを立て、それに基づいて実施する必要があるのではないかと考えていた。

そんな時に手にしたこの本を一読すると、もやもやしていた霧が晴れて目の前がぱっと明るくなったように感じた。

「3年後の望ましい姿と現在の姿の間のギャップを把握する」

「ギャップを埋めるために、現状を否定して転換をはかる」

「部分戦略よりも全体戦略を優先する」

「優先順位を明確にする」

このように、今すぐにでも実践したいような魅力的内容が、簡潔な文章で具体的に記してあったからだ。

この本は2人の共著で、ひとりは石黒重光氏。プロフィルには、早稲田大学商学部を卒業、20数年間の豊富な経営コンサルテーションの経験を持ち、マネジメントエンジニアリング研究所代表取締役と書いてあった。

一読して感銘を受けた『生きた戦略計画のつくり方』

# 石黒先生を顧問に

「そうだ！　この石黒重光先生だ。新しい東海光学を創り上げるために、ぜひ指導を受けてみたい」

そして、すぐに二つのことを実行した。

まず、衝撃を受けたこの本を買い集めて幹部に読んでもらった。経営を刷新していくには、トップである私が何を考えているのかを幹部によく知ってもらい、認識を共有する必要があったからだ。

もうひとつ、東京・新橋にあったマネジメントエンジニアリング研究所（現在はエム・イー・エル）へ電話した。

「浜松にも事務所があり、岡崎は東海事業部の管轄です」

すぐに、所長がやって来た。私は自分の考えを伝えた。

「大変失礼なことと思いますが、石黒先生の著書に深い感銘を受け、お電話しました。石黒先生に直接ご指導いただきたいのです」

後にも先にもこのような例はないとのことだったが、この願いは聞き入れてもらうことができた。

社長に就任した翌年3月、石黒先生に東海光学を訪問してもらうことができたのだ。

会社の現状や私自身の思いを伝えると、石黒先生は言った。

「まず、明確なビジョンを思い描く。そして、そのビジョンと現実とのギャップをどのように埋めていくか、それが経営戦略です。すなわち、最初に必要なのは、こうありたいという強い思いです」

本と同じ内容でも、説得力のある言葉に思いはさらに強くなった。

「顧問として、ぜひご指導いただきたい」

石黒先生は答えた。

「その前に御社を分析させてください」

その後、調査が行われ、「喜んでお受けします」と快諾してもらうことができたのは、その年の5月だった。

私は全社の部門長を集めて趣旨を説明し、新しい東海光学を創造するためのプロジェクトチーム発足に向けて、24人のメンバーを選出した。

石黒重光先生（左）と（東海光学創業50周年祝賀パーティーにて）

# 24人の仲間

24人を選出したことに、石黒先生は戸惑いを見せた。目的は5年後のビジョンを描いて中期経営計画を策定することだが、このような場合、役員や幹部社員、あるいは企画部などで行うのが一般的なやり方となっている。

ところが選出した24人は、役職やキャリア、年齢、能力にばらつきがあり、そこへ私自身まで加わることにしたからだ。

私は石黒先生に、中期経営計画策定に対する思いを伝えた。

「ここから、社長としての私が始まります。社員とともに勉強し、同じ夢、同じ目標に向かってまい進していきたいのです」

こうして、１９８４（昭和59）年12月から「第一次中期経営計画」づくりが始まった。

最初にすべきことは「これまでの東海光学をよく知ること」であり、24人を「定量分析チーム」「定性分析チーム」「環境分析チーム」に分け、過去10年間を分析することから開始した。

並行して、マネジメントエンジニアリング研究所も、過去10年間の経営内容の分析を進めた。

これに基づいて将来ビジョンを描き、翌年9月に中期経営計画は完成した。だが、5年先を目指すといっても実感がなく、戸惑いがあった。実行力が伴わなければ、せっかくの計画も絵に描いた餅に終わってしまうからだ。

そこで、24人をこれからの東海光学を背負って立つ中核的人材として育成していくためのプログラムをスタートさせた。引き続き石黒先生の指導を仰ぎ、毎月1回、土日を返上して1泊2日の研修を実施したのだ。

もっとも重視されたのは「素直になれ」「本音を語れ」であり、この研修を通じて全員が一丸となる友情と結束力が生まれた。

この時の経験がいかに重要であったかは、後に証明されていく。24人全員がやがて取締役や部長になり、新しい東海光学を築き上げていく貴重な戦力に育っていったからだ。

定量・定性・環境をメンバー24人で共有（手前左）

## 思いがけない出来事

中期経営計画策定に向けて動き出そうとしていた時、思いがけない出来事が起きた。

サンルックスの社長が突然、「辞めさせてほしい」と言ってきたのだ。以前から、「眼鏡レンズの販売会社をやりたい」という意向を周囲の人たちに話していた。私は「出身地の東京へ帰って、再出発する腹を固めたのだろう」と判断し、やむを得ず了承することにした。

サンルックスから完全に身を引くことになるので、所有していた株式を全額買い取り、サンルックスは東海光学の100パーセント子会社となった。後任の社長には私が就任した。1984（昭和59）年9月のことだった。

これが頭の痛い問題へと発展していった。社長が辞める腹を固めてしばらくすると、現場を取り仕切っていた2人の幹部技術者も「辞める」と言い出したからだ。

さらに、驚くべきことが起きた。社長は東京へ帰ったのでも、眼鏡レンズの販売会社を始めたのでもなく、プラスチックレンズ製造の会社を設立し、サンルックスの隣接地に工場をオープンしたのだ。

まさに前代未聞の出来事であり、このようなことになるとは誰一人として予測することができなかった。

サンルックスの社員の動揺は激しかった。プラスチックレンズに最も詳しく、技術指導をしてくれていた人が、競争相手としてすぐ目の前に立ちはだかってきたからだ。このためベテラン社員も10人辞め、隣接地の新工場へ移った。

残った人たちはまだ技術的経験が浅く、欠落していった部分は簡単には補えそうになかった。

「このままでは立ち行かなくなってしまう」

この難局をどう乗り切っていけばいいのか、私も残ったサンルックスの人たちも困り果ててしまった。

東海光学の100パーセント子会社となった当時のサンルックスの工場内

# 昭和電工の「スピラン樹脂」

サンルックスの窮状に一筋の光が差し込んできた。東海光学が昭和電工と進めていた共同研究プロジェクトが、実を結び始めていたからだ。この話は、昭和電工側から持ち込まれたものだった。

昭和電工は、光で固める新しい樹脂「スピラン樹脂」を開発した。多様な用途が見込めるが、製品化できなければ収益に結びつかない。そこで、プラスチックレンズの成長が著しい眼鏡レンズ業界に着目したのだった。

だが、樹脂を作ることはできても眼鏡レンズに関しては門外漢であり、市場規模やレンズ1枚の原価・売価・利益、さらには製造から販売に至るまでのノウハウなど分からないことばかりで、製品化にはパートナーが必要だった。

このため、昭和電工から申し出を受けた。

「東海光学の研究開発部と勉強会を開きたい」

1983（昭和58）年後半のことであり、両社技術者による共同研究プロジェクトがスタートした。

その成果が実り、昭和電工の新規開発推進部に「光学材料プロジェクト」が発足した。いよいよ事業化に向けて動き出すことになったのだ。

スピラン樹脂から眼鏡レンズを作るのは、東海光学の工場ではなくサンルックスの工場である。しかし、ちょうどこのタイミングで、サンルックスの社長が辞め、ベテランの技術者も少なくなってしまった。

サンルックスは安定した生産体制が維持できるかどうか、心許ない状態だった。しかも、社長が辞める以前からもう少し良品率を上げて歩留まりを高めたいという課題を抱えていた。

新しい眼鏡レンズを共同開発する以前に、サンルックスの生産体制を再構築する必要があった。そこで、そのためのバックアップを昭和電工に要請してみると快く了解してもらうことができた。

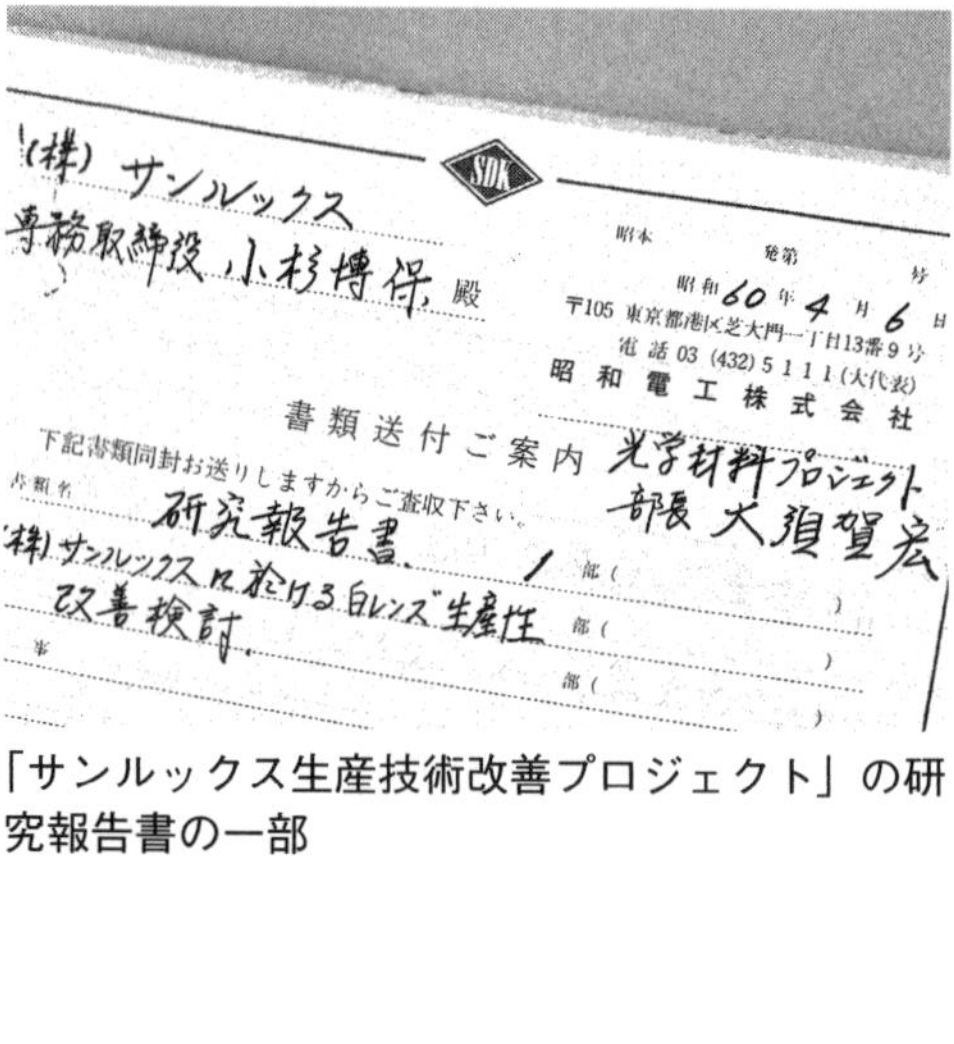
(株) サンルックス
専務取締役 小杉博保 殿

昭本 発第 号
昭和60年4月6日
〒105 東京都港区芝大門一丁目13番9号
電話 03 (432) 5111 (大代表)
昭和電工株式会社
光学材料プロジェクト
部長 大須賀宏

書類送付ご案内

下記書類同封お送りしますからご査収下さい。

書類名
研究報告書 1 部（ ）
(株)サンルックスに於ける白レンズ生産性 部（ ）
改善検討 部（ ）

「サンルックス生産技術改善プロジェクト」の研究報告書の一部

## 『ベルーナ』を発売

「サンルックス生産技術改善プロジェクト」が発足した1984（昭和59）年11月、サンルックスのある鯖江市はドカ雪の中にあった。ここに東海光学や昭和電工から技術者が出向し、生産技術改善への取り組みが始まった。

翌年3月まで問題の発見と原因の究明を重ね、安定した生産体制の確立に努めた。この過程で合成樹脂レンズの製造技術に関する発見があり、特許を出願した。東海光学では初の特許出願だった。

一方、サンルックスで製造したプラスチックレンズを加工する日名工場では、独自技術の確立に力を注いでいた。

この結果、翌年12月にはプラスチックレンズの表面を硬くするハードコートや光の反射を防止するマルチコート、染色について一連の加工体制が完成した。

このような生産体制の確立を背景として、昭和電工との新製品開発が進められていき、87（昭和62）年3月に『ベルーナ』の販売を開始した。

昭和電工が開発したスピラン樹脂を使った眼鏡レンズを世に送り出すことになったのだ。屈折率が大きく、レンズの中心部が薄くできるなどの特色があった。

新製品を開発したことは発売の2カ月前に新聞で報じられたが、極秘裏に進めていた研究開発だったので業界では驚きの出来事として受け止められた。

驚きの理由は二つあった。ひとつはスピラン樹脂の開発が世界初だったことであり、もうひとつは昭和電工のような大企業が地方の中小企業と共同開発を進めてきたことだった。

このため、「東海光学には昭和電工の資本が入っている」という噂話がまことしやかに飛び交った。

『ベルーナ』は昭和電工でも販売したが、競合を避けるために昭和電工は関東以北、それ以外は東海光学というようにテリトリーを分けた。

現在はスピラン樹脂のレンズは作っていないが、昭和電工との共同開発は有形無形の財産を残した貴重な経験だった。

世界初の光硬化樹脂レンズ『ベルーナ』

# 岡崎市・花園工業団地

1985（昭和60）年10月から90（平成2）年9月まで5年間の「第一次中期経営計画」も軌道に乗っていった。

私が入社した時の年間売上高は1億円で、このころには40億円くらいになっていたが、さらなる成長を目指し、部門別にも売上高などの目標を掲げた。計画のひとつに「1万坪の夢の新工場完成」があった。

日名工場の隣接地に日名南工場を増設したがすぐに満杯になり、新しく機械を購入したくても設置場所の確保が難しかった。

87（昭和62）年6月、新工場プロジェクトが動き始めた。単なる拡張ではなく、眼鏡関連総合メーカーとして、サービス体制の充実、地域社会における環境保全、福利厚生を含め労働環境の整備など本社機能を充実し、企業イメージを一新させることを目指した。以来、「1万坪の夢の工場」が全社挙げての合い言葉になった。

愛知県内14カ所の候補地の情報を収集し、「ここしかない」と選んだのは岡崎市北部の花園工業団地だった。市街地近くにありながら、森や河川など豊かな自然が残っており、しかも目を付けた一角は合い言葉通りちょうど1万坪だったのだ。

さっそく開発事業者である愛知県企業庁に打診したが、「すでに大手企業数社が進出を決定しており、きわめて難しい」との回答だった。

新工場の建設はいわば待ったなしの状態であり、方向転換して岡崎市内のほかの物件の確保に向けて動き出した。計画より規模をかなり縮小しなければならないが、ほどよい物件が見つかった。

すぐに交渉を開始し、無事話がまとまって書類をすべて整え、いよいよ契約という数時間前に1本の電話が入った。愛知県企業庁からだった。

「花園団地で契約していた企業がキャンセルになりました」

予想外の展開に、私も幹部の人たちも息をのんだ。

1989年、花園工業団地に取得した新工場建設用地

## 「夢の新本社工場」に大移動

1987（昭和62）年7月、愛知県企業庁と本契約を交わして17日に地鎮祭を執り行った。

夢の実現に向けてその第一歩を踏み出すことになったが、それは容易ではなくいくつもの難関が待ち構えていた。

最初に乗り越えなければならなかったのは、資金に関する問題だった。奇跡のどんでん返しで急きょ広大な用地が取得できることになったので、資金計画も大幅に変更せざるを得なかったからだ。

土地代金は10億円、これに建物・機械設備を加えれば30億円という創業以来の大型投資である。金融機関の理解を得るため、東京に保有していた土地を売却。こうして最初の難関を乗り切り、新工場の建設が始まった。

1、日本一のレンズ専門工場を建設する
2、管理機能を新工場に集中する
3、地元における代表的企業としてのイメージを高める
3本の柱を打ち立て、それを実現するための具体的な試みを夢の新工場に盛り込んだ。

それから3年、「昭和」から「平成」の時代を迎え、夢の新工場が完成したのは90（平成2）年のことだった。5月17日、お客さまはじめ各方面から来賓を招待して、竣工《しゅんこう》披露を行った。

従来の工場とは大きくスケールが異なる新工場の建設であり、どうすれば生産性や良品率を上げることができるのか、試行錯誤を繰り返しての新築移転だった。加えて鴨田工場にあった本社機能も移転することにしたので、正に全社ぐるみの大移動となった。

全社員がそれぞれの部門などでチームをつくって、「すべては自分から発する」を合い言葉に積極的に活動した。夢の新工場は、その集大成でもあった。それだけに、晴天に恵まれてさわやかな風が吹き渡る良き日に訪れた人からお褒めの言葉をいただき、それまでの苦労が報われた気がしたのは私だけではなかった。

完成した「夢の新本社工場」

## 運と優れた人材

竣工した新工場を「夢」と表現しているように、「できればそうしたい」という壮大な願望を込めたものだった。社長に就任して間もない時だったので、進むべき方向性を示したに過ぎなかったのだ。

ところが、夢は現実になった。竣工式の翌日には、目玉施設のひとつである自動倉庫が動かないというアクシデントが発生したがこれを乗り切り、新本社工場の完成を機に東海光学はさらなる発展を遂げていくことになる。

このような経緯をたどっていくと、用意周到に準備を進めていき、夢を夢で終わらせることなく掲げた目標を達成していったように思われるかもしれない。現実に「成功の秘訣を教えてください」と言われたこともあった。

だが、なぜこんなにうまくいったのか、自分自身よく分からないし、不思議に感じることさえある。自分に優れた経営能力があるとはとても思えないからだ。

あえて言うならば、「運」としか言いようがないのではないだろうか。

花園工業団地の用地が取得できないのでほかの用地を手当てし、契約するわずか数時間前に愛知県企業庁から「空きができた」と連絡を受けたことなどは、正に「運」としか言いようがない。

考えてみれば、学生運動のあおりを受けて就職内定が取り消されることがなければ東海光学へ入ることはなかったわけで、入社そのものが運によってもたらされたとも言えるのだ。

そして、忘れてならないのが、私を支えてくれてきた社員の皆さんだ。

サンルックスから技術者が辞めていった時、再スタートに向けて昭和電工の技術陣の力を借りることになったが、それができたのはわが社の技術者が昭和電工と個人的なつながりを持ってくれていたからだった。

昭和電工のプロジェクトメンバーが新本社工場に来社（前列中央）

## コーポレートシンボルの策定

企業が成長発展していくには、ひとつの目標を達成したなら当然、次の目標を設定しなければならない。

第一次中期経営計画において最大の目標に掲げていた「1万坪の夢の新本社工場」が完成したとなれば、次に目指さなければならないのは完成した新鋭工場を生かして、間近に迫ってきた21世紀を羽ばたいていけるような東海光学を創り上げていくことだった。

そこで、新たな躍進を目指していく姿勢を社内外に示すために「コーポレートシンボル」を一新することから始めた。

コーポレートシンボルは、新本社工場の竣工に合わせて策定した。青い円の右上に、丸い縁に沿って「·i」の文字を書き込んだデザインだ。

青い円は「レンズ」を意味しており、「・i」は光が当たったレンズの輝きを連想させるよう描かれている。レンズに携わる企業の輝く未来を象徴したものだ。また、眼（EYE＝アイ）を意味し、顧客第一主義を実現するためのお客さまへの「愛」であり、社員一人ひとりが持っている愛社精神の「愛」である。

同時に、青い円は地球も意味し、「・i」は日本列島を表わしている。日本から世界へ、グローバルに躍進していく姿をグラデーションで示しているのだ。

このコーポレートシンボル策定に続いて、第一次中期経営計画終了後の次の方向性を示す「長期ビジョン」を策定した。

期間は、１９９０（平成２）年10月１日から２０００（平成12）年９月30日までの10年間。まさに21世紀をにらんだビジョンだ。

大きな柱として３本の柱を掲げた。

「長年培ってきた独自の技術を駆使し、さらに高品位の商品を開発していく」

「眼鏡レンズ事業に加え、新しい事業を構築していく」
「日本だけでなく、マーケットを世界へと広げ、グローバルな販売活動を展開していく」

新しく策定したコーポレートシンボル

# 「ⅰ事業部」の立ち上げ

長期ビジョンを実現するため、「ⅰ事業部」という新組織を立ち上げた。

これまでに培ってきた独自技術を生かして「長年培ってきた独自の技術を駆使し、さらに高品位の商品を開発していく」「眼鏡事業に加え、新しい事業を構築していく」という目標を達成するためだった。

新規事業を手掛けたいという思いは以前から強く、「新規事業開発室」を設けて、外食産業を中心としたフランチャイズビジネスを検討したこともあったが、うまくいかなかった。

そこで、「眼」の分野から離れることなく新規事業が確立できないだろうかと検討を重ねて取り組んだのが、ダイビング用度付きレンズなどスポーツレンズ。『アイコット』という新ブランドを立ち上げた。

こうして「·i事業部」の中に誕生したのが、〝ビジョンケア&ファッション〟をコンセプトに掲げた「アイコット部」だった。

主な商品は「ダイビングマスク」「スイミングゴーグル」「スポーツサングラス」などで、「スイミングゴーグル」は平成3年度グッドデザイン賞を受賞し、優れたフィット感と広くクリアな視界が認められた。

次に誕生したのは、マルチコーティングを受託する「·iCS部」だった。東海光学が得意としてきた真空蒸着技術を生かしていこうというもので、かつてのプラスチックレンズ専用工場だった日名工場に、マルチコーティングマシン2台を新たに導入した。

マルチコーティングされたレンズは、東海光学の直販ルートとは異なり、レンズメーカーや商社を通じて国内外へ広く出荷されていった。

これに続いて発足したのが、目に疾患をもつ人のためのレンズを販売する「医療眼鏡部」だった。医療の視点から新たな収入源を確保することをねらいとし、光過敏症やコントラスト機能低下などの症状を緩和するフィルターを開発していった。

こうした製品は営業活動にも専門知識が必要とされるため、研究開発スタッフが直接行った。

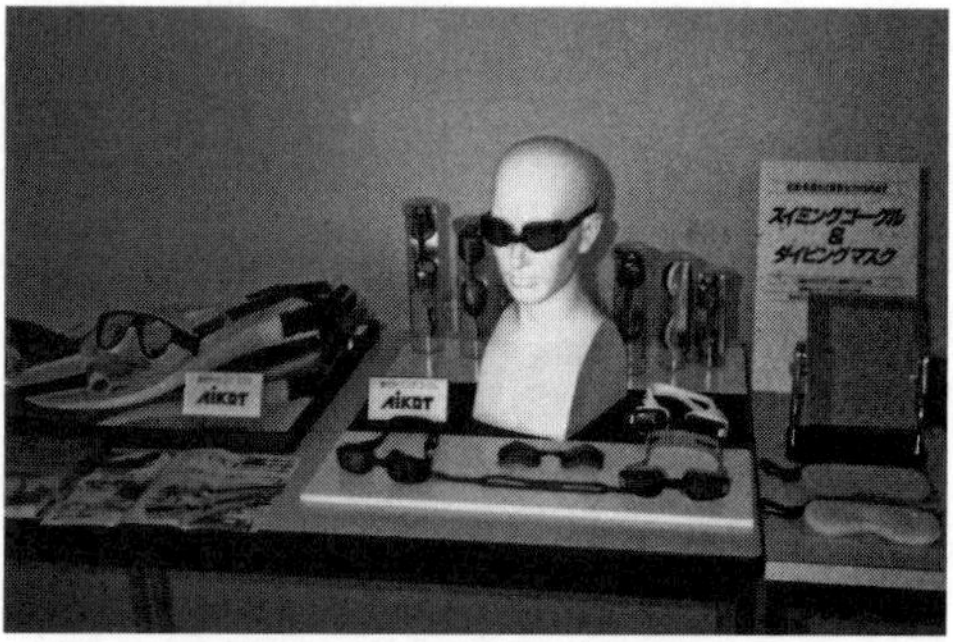


『アイコット』の商品群

## 相次ぐ新技術開発

新本社工場では、新たな技術開発に挑戦した。そのひとつが「重合（キャスティング）」だった。サンルックスで実施していたが、本社工場でも取り組むことになったのは、新素材を活用して屈折率の高いレンズを独自開発するためだった。

当時、もっとも高かった屈折率は、競合他社が開発した「1・6」であり、これに匹敵するプラスチックレンズの開発を目指したのだ。

使用する熱硬化性樹脂の調査・検討を進めた結果、三菱ガス化学の「ML—3」という素材に絞り込んだ。そして、鴨田工場にあった研究開発室の実験室で研究を重ねて、新本社工場が完成した翌月から試作を開始した。

サンルックスで重合技術の蓄積があったとはいえ、新製品開発にはさまざまな課題の克服が必要で、東海光学オリジナルの高屈折プラスチックレンズの第1号『SP（スーパー）1・6』の発売に踏み切ったのは、試作開始から1年後の1991（平成3）年7月だった。

これにより、本社工場では素材開発からハードコーティング、マルチコーティング、染色までの一貫生産体制が完成した。

わが国の眼鏡レンズメーカーは、プラスチックレンズの半製品を仕入れて加工しているところがほとんどだが、東海光学では現在でもこの一貫生産に強いこだわりを持ち続けている。

眼鏡レンズの技術開発には、大きく分けて三つの柱がある。

一つ目は、薄くて軽い屈折率の高いレンズの開発。

二つ目は、透明度を高めたり、表面を硬くしたり、色をつける表面処理技術の開発。

三つ目は、新しいレンズを設計すること。具体的には非球面レンズや機能レンズがあり、機能レンズには防弾ガラス素材を用いた割れにくいポリカーボネイトレンズ、屋内では無色に近いが太陽の下では濃い色に変わる調光レンズなどがある。

本社の重合工程

# 海外展開

長期ビジョンの柱のひとつ「日本だけでなく、マーケットを世界へと広げ、グローバルな販売活動を展開していく」を実現するために、海外展開にも力を入れていった。

21世紀が間近に迫り、世界へ向けて羽ばたきたいという大きな夢に加えて海外展開に懸けたいという思いには東海光学特有の事情があった。

それは、卸業者を通さないでＡＪＯＣを筆頭に眼鏡店へ直接販売していたこととと深く関係していた。

国内の眼鏡市場は大型の安売り店舗が相次いで登場し、競争が激化していた。このような厳しい環境下で新規取引先の開拓に力を入れていけば新たな摩擦が生じ、既存の取引先に迷惑をかけることになる。

このことは、入社当時から身にしみて感じてきたことだった。しかし、海外展開であればこのような問題で頭を悩ます必要はなかった。まず日本に近いところからということで、台湾への輸出から始まった。

手を組んだのはレンズの研磨機などを輸入していたサイモンという商社で、東海光学とも取引があった。海外から資機材を輸入しているのであれば、輸出することもできるというわけだ。

サイモンは、台湾にも取引している商社があった。ここを通じてルートを切り開いていき、台湾最大の眼鏡専門店チェーンへの売り込みにも成功したので、1992(平成4)年ころから輸出は急速に拡大していった。

さらに、これを足掛かりにしてインドネシア、シンガポールなどアジアルートの開拓に力を入れた。

欧州、北米地域の開拓支援は高砂貿易にお願いし、きめ細かなサービスをセールスポイントとして、ドイツ、フランス、イタリアで開催される眼鏡業界の国際的な展示会に出展した。

95（平成7）年9月には、ベルギーに「トーカイ オプティクス」を設立した。眼鏡レンズの副資材を扱い、欧州で広いネットワークを持つRBC社、高砂貿易との共同出資による会社だった。

ベルギーに設立した TOKAI OPTECS N.V.

# 優れた技術者たち（1）

以前にも書いたように、私が歩んできたのは運と人材に恵まれた人生だった。21世紀を目前にして、私の幸運は続いた。次代を担う優れた技術者に恵まれ、東海光学の技術力は飛躍的に厚みを増していったからだ。

東海光学初のオリジナル累進レンズの開発に成功し、1995（平成7）年4月、近用ワイドビジョンレンズ『コスモライフ（ベルーナUNO）』を発売した。これを開発した三浦仁志《ひとし》は、次代を担う技術者のひとりである。

累進レンズとは、一般に〝境目のない遠近両用〟と言われるレンズのことだ。遠くを見る上の部分と近くを見る下の部分が1枚のレンズの中に切れ目なくつながっていて、無段階で度数が変化しどの距離でも焦点を合わせることができるようになっている。

東海光学ではかつて『ZOOM』を輸入販売していたが、扱うことができなくなって以来、累進レンズの半製品を他メーカーから購入し裏面を研磨加工して出荷していた。

累進レンズの設計は難しく、かつては天才にしかできないと言われていた。コンピューターを利用することにより以前より容易になったが、今でも設計者は数えるほどしかいないと言われている。

『ZOOM』の輸入が中止となる前後からニコン、セイコー、HOYAの大手メーカーは自社開発に取り組み、競って自社設計による累進レンズを世に送り出してきたが、東海光学もようやく悲願を達成することができたのだ。

三浦は名古屋大学工学部応用物理学科を卒業して日本電装（現デンソー）に勤務していたが、自分のやりたい仕事とは違うと感じていたらしく、東海光学へ転職してきた。

新本社工場が完成して、素材開発から加工・販売までの一貫体制が整った時、まだ実現できていなかったのは、非球面レンズと累進レンズの開発だった。難しいことへの挑戦に意欲を燃やす三浦は、まず非球面レンズの開発に成功し、続いて数少ない累進レンズの設計者のひとりになることができたのだ。

ヒルトン名古屋での新商品発表会で講師を務める設計者の三浦仁志

# 優れた技術者たち（2）

もう1人の若い技術者のこともぜひ記しておきたい。名古屋工業大学工学部機械工学科を卒業し、1993（平成5）年に入社してきた高木至人《いたる》である。

このころコーティング、すなわち薄膜技術について基本から勉強し直し、眼鏡レンズ以外にも応用範囲を広げていくことが技術的課題として浮上していた。高木はこの仕事に携わることになった。

薄膜はまったくの畑違いだったが、数学的センスに優れており、それまで経験に頼っていたコーティング技術を理論化していく作業を担ってもらったのだ。

技術的に相談すべきことが生じ、親しくなった研究者がいた。神戸芸術工科大学の小倉繁太郎教授（現名誉教授）だった。キヤノンの研究室から大学に戻って教授に転身し、薄膜業界で名前が知れ渡っていた。

ある日、小倉教授から社会人研修生の募集枠があるという情報を得た。直属の上司が高木をぜひ行かせたいと思い、高木自身もそれを希望していた。

当時の東海光学は、研究開発や新しい人材を育成するための環境が飛躍的に整いつつあった。前例はなかったが、まだ新入社員の高木を1年間研修生として派遣することにした。

高木は入社した年の10月、神戸へ発った。それから1年が過ぎようとしていたころ、小倉教授から「もう1年間、研修期間を延長したい」という提案があった。高木の能力を高く評価してのことだった。私は誇らしい気持ちになり、すぐに了承した。

95（平成7）年6月、高木は渡米した。アリゾナ州ツーソンで開催される薄膜学会で研究発表するためだった。3年に1度開催される学会で、その年に座長を務める小倉教授から研究発表するよう勧められたのだ。

振り返ると高木の研修は大成功だったが、私には後悔が残る。最初から2年間勉強させていれば修士を、3年間なら博士を取得することができたからだ。

この反省から優れた技術者を名古屋大学、名古屋工業大学、東京大学へ積極的に送り出すようになり、修士や博士の取得者が何人も生まれている。

ツーソンで研究発表した高木至人（左）と指導者の小倉繁太郎教授（中央）

## 薄膜事業部の設立

薄膜技術の研究に集中できるようにするため、拠点を新本社工場から日名工場へ移した。

しばらくすると、初めての引き合いが入った。光通信に使用する光ファイバーの仕事だった。レーザー光線がうまく飛ぶように、光ファイバーの先端へ反射防止の膜を蒸着する仕事だった。

わずか11万7000円だったが、初めての売り上げが立った。そこで、1996（平成8）年10月、「薄膜部」を設立した。部員3人によるスタートで、初年度の売り上げは1000万円だった。

それから2年後の4月、「薄膜部」は「薄膜事業部」へと昇格した。メンバーは2人増えて5人となった。

この時、もうひとつの機構改革を実施し、「.i事業部」を廃止した。新規事業への取り組みを薄膜事業に集中することにしたのだ。

翌年になって新しい仕事が入ってきた。液晶プロジェクター用のフィルターの仕事だった。

このような仕事に用いる技術は、「光学薄膜」と呼ばれている。ガラスや樹脂製品の表面に薄い膜を真空蒸着することにより、光の透過率を上げたり、反射率を高めたりする技術のことだ。

光の反射防止、赤外線の除去、光の波長のコントロールなどを行うことができ、応用範囲はカメラ、テレビ、パソコン、カーナビ、携帯電話など広範囲に及んでいる。

東海光学が実績を積み重ねてきた眼鏡レンズのコーティングも、この光学薄膜に該当する。

しかし、眼鏡レンズの場合、蒸着する層は3層から5層くらいだが、光学フィルターなどの場合は40層くらいと桁違いに多い。このため、ナノオーダーの薄膜技術が求められるのだ。

このように、技術的に高度な仕事を手掛けるようになり、「薄膜事業部」の事業規模は4億円へと大きく膨らんでいった。

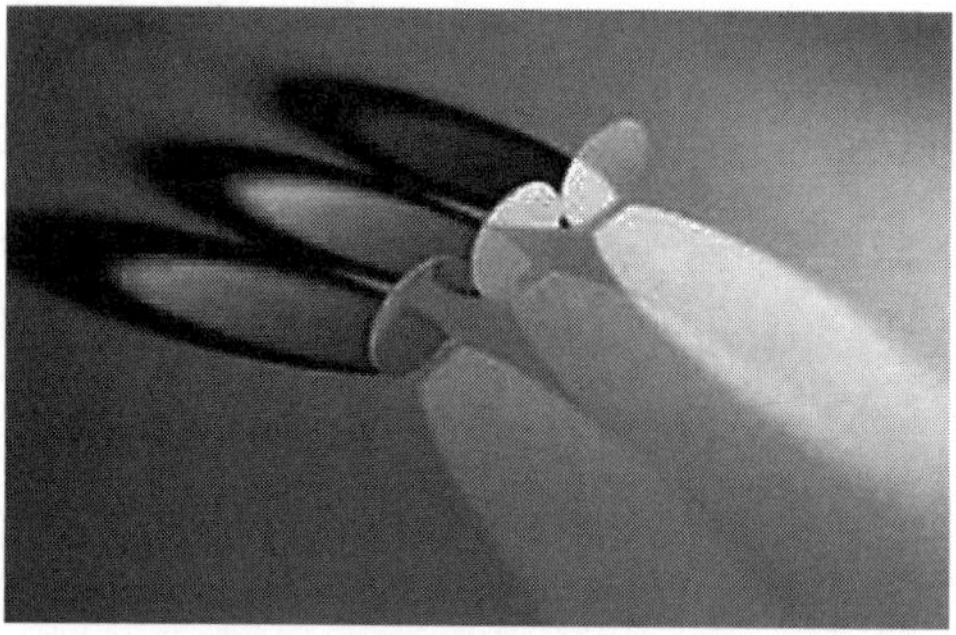

RGB フィルターの透過色（左側）と反射色（右側）

## 薄膜工場を建設

薄膜事業部の規模が大きくなってくると、日名工場では手狭になってきた。そこで、新たに薄膜工場を建設することにし、1999(平成11)年7月から物件探しを開始した。

翌年3月、用地を確保することができた。場所は岡崎市真福寺町、本社工場のある花園工業団地に隣接しており、敷地面積は3万4000平方メートル。この月の薄膜事業部の売上高は、1億円を超えていた。

9月に着工し、2001(平成13)11月の完成を目指した。すなわち、21世紀の最初の年に新工場が稼働することになるのだ。

工事は順調に進み、7月21日、出来上がった鉄骨に関係者それぞれがサインペンで思いを書いた。

「東海光学の第二の柱の事業に成長の想いをこめて！」

工場が完成すれば、目にすることのない私のメッセージだった。

この時の心中には、実は複雑な思いが絡んでいた。工場の建設に着手した2カ月後にＩＴバブルがはじけ、それからわずか8カ月後には、薄膜事業部の売り上げがどん底まで落ちていたからだ。

そこへ、新工場の建設費負担がのしかかってくる。事業部内では「希望的観測は捨て、工場の建設をストップすべきではないか」との声が上がった。

景気回復の見通しはなく、先々のことを考えれば恐ろしかった。

「こういう時だからこそやるべきだ」

私は説得し、工事を続行した。

薄膜工場は予定通り完成した。延べ床面積4600平方メートル、建物内部にはクリーンルーム環境とセミクリーンルーム環境を設け、用途に応じて使い分けられるようになっている。

周りに巡らした回廊によって外部から二重に隔離され、材料の受け入れから出荷までほこりの侵入や発生を抑制する構造になっている。出入り口も二重ドアで、風除室を設けている。

鉄骨に記したように、眼鏡レンズに続く「第二の柱の事業」がここから成長していくことになる。

薄膜工場の鉄骨にメッセージを書き込む

# 創業者、静逝く

東海光学が新たな展開を推し進めていたころのある夜、思い掛けない電話が入った。名誉会長で創業者の古澤静が旅先の沖縄で倒れた、という連絡だった。静の趣味は、映画鑑賞と旅行だった。世界中を旅してきたが、高齢になったので旅先を国内に切り替え、この時は数日前から旅行仲間とともに沖縄へ出かけていた。

そのツアーグループの1人から深夜の工場へ電話があり、電話を受けた社員が私と会長の正男の自宅に連絡してきたのだ。

静は血圧が少し高めだったが、元気だった。子どものころに結核を患ったことがあったが、それを除けば痛風で入院したくらいでどちらかといえば病気知らずの人だった。

私は翌朝の1番機で沖縄へ向かった。その時は「義父が亡くなることなどあり得ない」と信じていた。

だが、機中にいる時、会社に電話が入った。

「今朝、古澤静さんが亡くなられました」

1997(平成9)年1月31日午前6時54分、眼鏡レンズ一筋86年の生涯を閉じたのだ。2月10日、真宗大谷派三河別院で社葬を執り行った。青空の澄み渡る穏やかな日、弔問者は海外からも含めて1000人を超えた。

静の偉大さをひしひしと感じ、すごい事業を残してくれたとも思っていた。眼鏡レンズは、はっきり見えない人がよく見えるようにする商品であり、私はこの仕事に携われたことを誇りに思い、幸せに感じていた。

また、ガラスからプラスチックへの変化に対応していくには報われない設備投資が必要だった。プラスチックが売れていけば、比例してガラスレンズが売れなくなっていくからだ。

静はこの辛い決断をためらわなかった。だからこそ、今日の東海光学があるのであり、静が歩んできたのは誠実で果敢な、見事な人生だったと言えるのではないだろうか。

社葬で葬儀委員長を務めていただいたキクチメガネの森一成社長（現会長、中央）

# 息子、宏和

世間では「企業のトップの最大の仕事は、次のトップを決めることだ」と言われることがよくある。

そのせいか、ご支援していただいている金融機関からアドバイスされたこともあった。

「まだ決まっていなくても、外部には後継者は決まっている、息子が跡を継いでくれると言わなければならない」

東海光学の将来を思っての言葉だが、「そういうものなのか」という感想しか抱かなかった。世間一般からすれば、変わり者なのかもしれない。息子の宏《ひろ》和《かず》がどのように思っているのか、こちらから気持ちを確かめたことはなかった。

本人の気持ちを初めて知ることができたのは、大学で就職活動が始まるころ

「東海光学へ入社したい」と聞かされた時だった。嫌がっている感じはなかったので、ほっとしたし、やはりうれしくもあった。

こうして、1994（平成6）年4月1日、宏和は東海光学へ入社した。

すぐに東海光学で仕事をさせるのではなく、まず修業に行かせたいと考えた。そこで、システム開発でお世話になっていた富士通東京システムズ（現富士通システムソリューションズ）にお願いすることにした。

入社式と一週間の基礎研修の後、宏和は東京へ発った。出向期間は2年間。システムエンジニアとして各種プロジェクトに加わり、社会人としての経験を積み重ねていくことになった。

先方は「2年間ではとても、必要なことが教えられない」と、延長を提案してきた。しかし、「システム開発がおもしろくなり過ぎて、戻って来ないかもしれない」という心配もないわけではなかったので、予定通り2年間で終わらせることにした。

戻ってきた宏和には、できるだけ東海光学の全体を知って欲しかった。私自身の経験からも、広い世界に触れて多くを学んで欲しかった。また、何をするにも、まずお客さまのことをよく理解する必要があった。

そこで、海外の視察研修、工場研修を経た後、営業2部1課へ配属することにした。

1994 年の新卒者入社式

## 次代を担うリーダー育成

宏和は1996（平成8）年10月から約3年間営業の仕事に携わり、99（平成11）年6月11日付で会社全体を見ることのできる社長室長となった。12月には取締役に就任した。

ここで、宏和は重要な役割を担うことになる。東海光学では長期ビジョンを示すのと並行して3年間の中期経営計画を策定しているが、これから1年をかけて次の計画を策定するプロジェクトリーダーになったのだ。主要部門の責任者から話を聞き、さまざまな角度から東海光学を眺めながら、企業の力や経営環境を分析・把握することから始めた。

しばらくして、プロジェクトチームが正式に発足した。チームのメンバーは、宏和自身が選んだ若手社員13人だ。

こうして、経営コンサルタントの石黒重光先生の指導を受けながら、2000（平成12）年10月から03（平成15）年9月までの「第5次中期経営計画」づくりが始まった。

私は次代の東海光学を担うことになる宏和の教育について、石黒先生に相談した。その結果、かつての私と同じように宏和も13人の仲間とともに学び、東海光学の目指すべきビジョンを描いて経営計画に掲げた目標に向かってまい進していくことになったのだ。

完成した第5次中期経営計画は、「E-Mage1」と名づけられた。21世紀最初の計画であり、徹底した顧客重視の姿勢のもとで新たな企業価値を創出して世界企業を目指していこうという内容だった。

次代のリーダーを養成するもうひとつの取り組みとして、「古澤塾」を開講した。私が塾頭となり、講師は石黒先生にお願いした。役員・管理職・社員の能力開発に力を入れ、ブレーンの育成に力を注いだ。

「古澤塾」開講であいさつする（右は石黒重光先生）

# トップの交代宣言

「E-Mage1」が終了した。計画の策定から実行までを経験した宏和は人との接し方や表情、話し方が変わり、ひと回り大きくなったように感じられた。「古澤塾」でも2期目から講師を務めるようになり、こうした経験も自信を深める要因になったのではないだろうか。

2003(平成15)年の8月1日、還暦を迎えた。翌年には創業以来初めて年間売上高が100億円を突破するなど経営は順調であり、12月には宏和を専務取締役に就任させた。33歳になっていた。

この時、ひとつの宣言をした。6年後には、東海光学は創業70周年を迎える。この記念すべき年に会長に退き、宏和にバトンを渡すというものだった。

私は、40歳の時に社長に就任した。同じように宏和についても、40歳になるまでに社長の座を譲りたいと常々考えていた。

創業70周年というのはひとつの節目であり、6年後ならば39歳。ちょうどいいのではないだろうかと考えたのだ。

この宣言については、予想外の反響が寄せられた。いろいろな人から「いつ社長を辞めるなんて、明言するものではない」というものばかりだった。

私は「こうしたい」という思いを表明し、それに向かって努力し続けるという方法でやってきた。トップ交代宣言もそのひとつに過ぎなかった。だが、多くの人には、この行動が奇異に見えるらしいのだ。世間の目からすれば、やはり相当の変わり者なのかもしれない。

やがて、宣言通りの決断をした。09（平成21）年3月、創業70周年の記念植樹を行い、6月1日に会長に退いて、宏和が社長に就任した。就任式はカフェテリアに会場を設けて開催した。

そして、翌年11月、岡崎商工会議所会頭に就任した。会長に退いたからこそ、お引き受けできる役職だった。

2009年6月1日にトップを交代。社長に就任した宏和（右）と固い握手を交わす

# 始まりは1本の電話

会頭就任に至る最初の出来事は、６年前の夏ごろにあった。

会頭のオリバー社長の大川博美さんから１本の電話をいただき、話を聞いて驚いた。この秋の改選で、副会頭に就任して欲しいという要請だったからだ。

「私はこの秋に会頭を退き、次期会頭は富士ファイン社長の伊藤公正さんにお願いしたいと思っている。伊藤さんからは、古澤さんを副会頭になるよう説得してもらえるのなら、お引き受けしてもいいと言われた」

突然の要請で返答に窮していると、大川さんは次のようにおっしゃった。

「東海光学には４００人以上の社員が働いている。そのなかには地元岡崎の人たちもたくさんいるはずだ。その会社の社長として、自社の将来のことを考えるだけでなく岡崎の地域経済のために貢献してもらえないだろうか」

この殺し文句に「なるほど」と思い、社内で相談してお引き受けすることにした。

2004（平成16）年11月から10（平成22）年10月までの2期6年間、副会頭を務めた。

副会頭は4人いて、人づくり、ものづくり、街づくりのうち、私は「ものづくり」を担当することになった。「お引き受けするからには、しっかりやろう」と心に誓った。

東海光学は大学や行政、公的研究機関との交流があったが、岡崎地区にはこうした機会に恵まれていない企業も多かった。そこで、産学官連携を深めていくための「岡崎ものづくり推進協議会」の創設に取り組み、実現することができた。

新たな催しとして、隔年交互で地域の技術・製品を広く売り込んでいくための〝BtoB〟の展示会「ものづくり岡崎フェア」と、事例研究のための「ものづくり岡崎フォーラム」を開催することになった。

さらに、東三河地区のものづくり企業との交流を深めていくことにも力を注いだ。

2008年2月、「ものづくり岡崎フェア」のテープカット（左から2人目）

# 大村知事のリーダーシップ

会頭に就任したその日、報道機関からインタビューを受けたが、質問に満足のいく答えができなかった。

役員の任期は11月1日から始まるが、新しい事業年度が始まるのは翌年の4月1日からであり、会頭としてこれから何を行っていくのか、具体的なことが何も決まっていなかったからだ。

しかし、見方を変えれば、新年度が始まるまでに5カ月の猶予期間があるということであり、4月以降の取り組みについてじっくり考えることができた。

ところが、3月11日に思い掛けないことが起きた。未曾有の津波被害をもたらした東日本大震災だった。

大変なショックを受け、何をすればいいのか、何をすべきかを考えた。それに加えて地域を支える経済団体のトップとして、さまざまな決断を迫られる覚悟をしなければならなかった。

国難とも言うべき大災害にみまわれ、尽きることのない悲しみの中で、全国的に行事やイベントの自粛ムードが濃くなっていくのは避けることができないと思ったからだ。

何ができて、何ができないのか。

そんな悩みを抱えていた時、就任早々の大村秀章愛知県知事は、西三河県民事務所に地域の行政や経済団体のトップを集めて要請した。

「こういう時だからこそ、計画しているお祭りやいろいろな行事は中止することなくすべて行ってください。自粛ムードが広がっていけば、日本の経済は大変なことになる。それは被災地の復旧復興を遅らせることにもなるのです」

すごい言葉だった。この時受けた感動は一生忘れることがないだろう。精神的バックボーンが与えられたように、重くのしかかっていたものが消え去り、勇気づけられて、地域と被災地のために前へ進んでいく気持ちになることができたからだ。

会頭就任早々、リーダーの在り方を学ぶことができた、貴重な経験でもあった。

2011 年 5 月、西三河地域政策懇談会で要請する大村秀章愛知県知事

## 会議所創立１２０周年

大村知事の言葉に支えられ、私はさっそく岡崎の柴田紘一市長に面会した。直近の大きなイベントとして夏の花火大会があるが、地元企業が応援しなければ開催することができない。そこで、「ぜひ成功させましょう」と協力する姿勢を伝えたのだ。

被災地の支援や東北地方の経済活動の復旧復興についても、会議所の会員企業に呼び掛けて可能な限り実行するよう務めた。

結果的に2期6年、会頭を務めることになるが、1期目には大きなイベントが待ち受けていた。

岡崎商工会議所は１８９２（明治25）年11月15日、「岡崎商業会議所」として発足した。愛知県下では2番目、全国でも16番目という早いスタートだった。

2012（平成24）年は、「創立120周年」という長い歴史の節目の年に当たり、記念イベントを開催することになるのだ。

大型イベントを成功させるためには、それなりの準備が必要となる。会頭に就任した最初の年から、計画づくりに取り組んだ。

掲げたテーマは「次世代へつなぐ」。先輩方がひとつひとつ積み重ねてきた実績を大切にして、これを未来へつないでいく。このテーマには、そんな思いが込められている。

常議員の時、会議所の「青年部」の発足に携わるなど若い人に活躍して欲しいという思いが人一倍強く、東海光学では会頭就任前に社長の座を譲ったばかりであり、「次代へつなぐのが自分の役割」ということも考えていた。

キックオフフォーラムや人口減少時代の地域経済を考える講演会、次世代へつなぐビデオメッセージの作成などの記念事業を実施したが、なかでも強く印象に残っているのは、「桜まつり」の家康行列で家康公役を務めたことだ。

通常は企業のトップが引き受けるが、会議所会頭として参加した。家康公の隊列には40名強の人数が必要とされるが、岡崎商工会議所の青年部員や若手男女職員、そして東海光学の社長と若手幹部など、次世代メンバーと共に参加できたことに感謝している。

馬上から見た春の陽光に輝く街の風景は、今でもはっきりと目の奥に残っている。

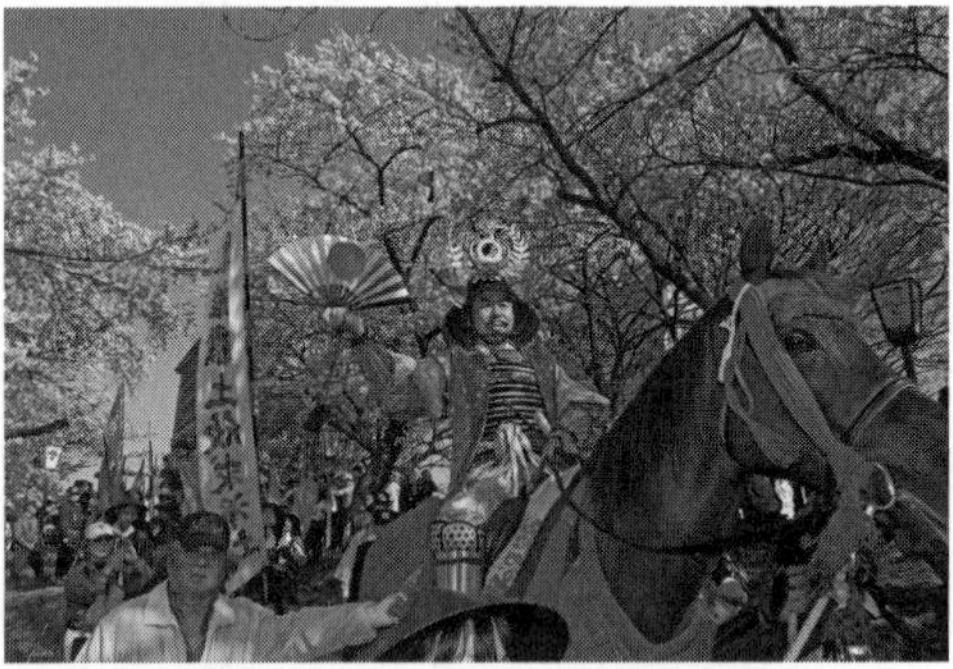

「桜まつり」で家康公役を務める

# 家康公四百年祭

創立120周年記念事業は、滞りなく行うことができた。私は会頭を続投することになった。

2013(平成25)年11月から16(平成28)年10月までの2期目は、120周年記念のような大型イベントはなく、平穏な日々が過ぎていくはずだった。ところが、事態は一変していくことになる。きっかけは、岡崎信用金庫理事長(現会長)で副会頭(現会頭)の大林市郎さんからの電話だった。

「家康公の四百年祭を静岡、浜松と一緒にやりましょう」

大林さんの言うことだから間違いなく地域のためになると思い、「それはいいですね」と同意したが、これほどまでに大掛かりな催しになるとはその時は思いも寄らなかった。

「家康公四百年祭」とは、没後４００年という節目の年に、世界史上例を見ない平和な時代が長く続いた江戸時代を再考し、その価値を未来の日本や世界に向けて広く発信していこうという催しだった。

最初は、静岡、浜松の市と商工会議所で計画していたが、徳川宗家から家康公生誕の地である岡崎も加えるべきとの提案があり、３市３商工会議所が連携して取り組むことになったのだ。

15（平成27）年1月のオープニングセレモニーを静岡、4月の中間セレモニーを浜松、8月の記念シンポジウムを岡崎で開催。ほかにも多くのイベントが各地で行なわれ、12月の岡崎でのエンディングセレモニーで幕を閉じた。

この関連で松平家・徳川将軍家の菩提寺である大樹寺の依頼を受け、寄付金を集めて、岡崎の石を使い、岡崎の石工《いしく》の手による「家康公霊夢像」を寄贈した。

16（平成28）年2月には新東名高速道路の岡崎サービスエリアがオープンし、地域の新名所がまたひとつ増えた。

会頭になったということで母校の岡崎高等学校の同窓会長に選ばれたが、定款を変更して母校の生徒をサポートするための教育基金を創設した。

このように思い出に残るさまざまな事業を経験し、後任の大林さんにバトンを渡した。

家康公霊夢像前で（前列左が私、右が大樹寺・故堀田岳成貫主、後列左が徳川宗家・徳川恒孝氏、右が内田康宏岡崎市長）

# 夢を実現するには

「先人や私たちが積み重ねてきたものを、次代を担う人たちにつないでいく」

これは、岡崎商工会議所創立120周年のテーマだが、私が会頭を務めた2期6年のテーマでもあった。

時代は移り変わり、私たちを取り巻く環境は大きく変化しその中を生き抜いていくためには、変化に対応するための新たな取り組みに果敢に挑戦していかなければならない。

東海光学でも、次代を見据えた取り組みが始まっている。主力の眼鏡レンズでは、かつて良く見えるようにするためにレンズの精度を上げていくことが最大の課題だった。

しかし、これからはいかに健康に、気持ちよく眼鏡をかけていられるかに関心が高まっていく。眼鏡に関する価値観が、大きく変わろうとしているのだ。

そこで、力を注いでいるひとつが業界初の「脳科学メガネレンズ」の展開だ。人間の感覚はあいまいなので、眼鏡を掛けた時の見え方を脳波で計測してその人にとって最も心地よい遠近両用レンズの設計に生かしていこうというものだ。

働き方改革は日本経済全体が抱える大きな課題だが、東海光学では〝女子力〟を高めていくことに力を入れている。

私が過ごしてきた時代にも優れた女性がたくさんいたが、その多くは「寿退職」していき家庭の人になっていった。だが、これからは仕事を通じて、女性が社会で生き生きと活躍できる時代になっていく。

この場合〝女子力〟を全開できるのは、男性と同じ仕事をすることではなく女性にしかできない仕事をすることだ。

そこで、女性特有の力を生かすためにマーケットリサーチから商品開発、販売までの一切を女性だけのチームで行う『女子開』を展開している。また、主力の眼鏡レンズに加えて光学薄膜事業も技術の応用範囲を広げ、第二の柱として確実に成長を続けている。

ここで次代を担う人たちに言っておきたいのは、「人を創って夢を実現する」ということ。何をするにしても最も必要なのは、機動的・組織的に対応できる人材の厚みであり、すべては人づくりから始まる。

創業70周年記念樹「ユズリハ」前で、夢の実現を応援してくれた社員とともに（前列中央）

# あとがき

東海光学へ入社した私は、創業者に社名の由来を尋ねた。「東海一の眼鏡レンズメーカーになりたいからだ」との言葉が返ってきた。実社会を経験していなかったため生意気にも「何て小さな夢だろう。自分なら日本一、世界一を目指すのに」と思った。

当時の東海光学はいわゆる職人の世界で、大学工学部の出身者はひとりもいなかったので、驕りに似た気持ちがあったことも否定できない。そして、入社した私を待ち受けていたのは、職人の世界の厳しい試練だった。

しかし、私は恵まれていた。眼鏡業界をリードする先人に出会うことができ、まだ海外へは簡単に行けない時代にドイツやフランスのレンズメーカーを視察するなど、世界の最先端の動きを知ることができたからだ。

創業者はこのことについて理解を示してくれたし、大学工学部卒業の人材採用も承認してくれた。職人の世界を何よりも大切にしていた創業者は、そこから脱皮していく必要性も感じていたのだ。

それから、本書で記してきたようにさまざまな出来事があり、「日本一、世界一の眼鏡レンズメーカーになる」という私の夢は、その何分の一かは達成できたのではないだろうか。

大きな夢を抱いてそれを実現していく、次の時代を生きていく人たちにもそんな人生を歩んで欲しいが、大切なのは夢は自分ひとりでは達成できないということだ。

私の半生をひと言で表現するならば「実に多くの人に支えられてきた」とい

う言葉に尽きるだろう。

末尾になりますが、執筆にあたっては中部経済新聞社専属ライターの津田一孝氏からご指導いただいた。ありがとうございました。

2018年9月吉日

筆　者

＊本書は中部経済新聞に平成三十年三月一日から同年四月三十日まで五十一回にわたって連載された『マイウェイ』を改題し、新書化にあたり加筆修正しました。

古澤 武雄（ふるざわ たけお）

1967（昭和42）年早稲田大学第一理工学部卒、東海光学入社。取締役、専務を経て、83年社長、2009年会長に就任。10年11月から2期6年、岡崎商工会議所会頭を務める。16年秋に旭日双光章を受章。岡崎市出身。

中経マイウェイ新書 040

# 人《ひと》を創《つく》って夢《ゆめ》を実現《じつげん》する

2018年10月1日 初版第1刷発行

・

著者 古澤《ふるざわ》 武雄《たけお》

発行者 恒成 秀洋 発行所 中部経済新聞社

名古屋市中村区名駅4-4-10 〒450-8561
電話 052-561-5675（事業部）

印刷所 モリモト印刷株式会社 製本所 株式会社三森製本



ISBN978-4-88520-217-9